Cristo:
El Tema de la Biblia
(Segunda Edición)

Por Norman L. Geisler

Cristo: El Tema de la Biblia

Segunda Edición

Por Dr. Norman L. Geisler

Derechos de autor ©2012 Geisler, Norman L.
Derechos de autor -- Traducción Española ©2017

Traducción al español por Jack Ramos y Sonya Gonzalez, 2017
Edición de la traducción al español por Myriam Hughes, 2018.

ISBN: 978-1-62932-140-0

Arte de la Cubierta: En el camino de Emaús, "...Jesús mismo se acercó y comenzó a caminar con ellos... Entonces, comenzando por Moisés y por todos los profetas, les explicó lo que se refería a él en todas las Escrituras... Se decían el uno al otro: — ¿No ardía nuestro corazón mientras conversaba con nosotros en el camino y nos explicaba las Escrituras?" (Lucas 24:27, 32)

La versión original de este libro fue publicada como *Christ: The Theme of the Bible por Moody Publishers en* 1968. Fue publicado de nuevo como *To Understand the Bible Look for Jesus* (Baker Books: 1979; Wipf and Stock Publishers: 2002). Versiones impresas de la edición del 2001 pueden ser adquiridos en WipfandStock.com. La edición 2012 en formato electrónico ha tenido una pequeña porción de su contenido actualizado por el Dr. Norman Geisler.

Agradecimientos

Y como siempre, la dedicación de mi maravillosa esposa Barbara ha enriquecido mi vida y mejorado este y todos mis libros. Doy gracias a Dios por su fidelidad durante más de medio siglo. También quiero dar las gracias a Christopher Haun por su valiosa ayuda en la edición de este manuscrito.

CONTENIDO

PREFACIO..5

Capítulo 1 | Cristo es la Clave de la Biblia 7

   CRISTO: LA CLAVE PARA LA INSPIRACIÓN DE LA BIBLIA 7

   CRISTO: LA CLAVE PARA EL CANON DE LA BIBLIA 16

   CRISTO: LA CLAVE DE LA AUTENTIFICACIÓN DE LA BIBLIA 23

   CRISTO: LA CLAVE PARA LA INTERPRETACIÓN DE LA BIBLIA 31

Capítulo 2 | Cristo en el Antiguo Testamento 32

   CRISTO: EL CUMPLIMIENTO DE LA PROFECÍA MESIÁNICA DEL ANTIGUO TESTAMENTO 33

   CRISTO: EL CUMPLIMIENTO DEL SACERDOCIO LEVÍTICO DEL ANTIGUO TESTAMENTO 39

   CRISTO: EL CUMPLIMIENTO DE LOS PRECEPTOS MORALES DEL ANTIGUO TESTAMENTO 45

   CRISTO: EL CUMPLIMIENTO DE LAS PROMESAS DE SALVACIÓN 51

   JESÚS ES JEHOVÁ (YAHWEH) 53

Capítulo 3 | Cristo en Ambos Testamentos 57

   CRISTO: OCULTO EN EL ANTIGUO Y REVELADO EN EL NUEVO 58

   CRISTO: DE LAS SOMBRAS DEL ANTIGUO TESTAMENTO A LA SUBSTANCIA DEL NUEVO TESTAMENTO 62

   CRISTO: PREDICHO EN EL ANTIGUO TESTAMENTO Y CUMPLIDO EN EL NUEVO TESTAMENTO 66

   RESUMEN 75

Capítulo 4 | Cristo en Cada Sección de la Biblia 75

   UNA ESTRUCTURA CUÁDRUPLE CRISTO-CÉNTRICA DE LAS ESCRITURAS, DOS DIVISIONES DEL ANTIGUO TESTAMENTO 75

   UNA ESTRUCTURA SÉXTUPLE CRISTO-CÉNTRICA DE LA ESCRITURA 84

UNA ESTRUCTURA ÓCTUPLE CRISTO-CÉNTRICA
DE LAS ESCRITURAS 89

PARALELO CUÁDRUPLE ENTRE EL ANTIGUO Y EL NUEVO
TESTAMENTO 90

Capítulo 5 | Cristo en Cada Libro de la Biblia 96

LA LEY: EL FUNDAMENTO PARA CRISTO 97

HISTORIA: LA PREPARACIÓN PARA CRISTO 100

POESÍA: LA ASPIRACIÓN POR CRISTO 104

PROFECÍA: EXPECTATIVA POR CRISTO 106

LOS EVANGELIOS: LA MANIFESTACIÓN DE CRISTO 110

HECHOS: LA EVANGELIZACIÓN O LA PROPAGACIÓN
DE CRISTO 112

LAS EPÍSTOLAS: INTERPRETACIÓN Y APLICACIÓN DE CRISTO 112

EPÍSTOLAS PAULINAS: EXPOSICIÓN DE CRISTO 113

EPÍSTOLAS GENERALES: EXHORTACIÓN EN CRISTO 117

APOCALIPSIS: CONSUMACIÓN EN CRISTO 120

Capítulo 6 | La Palabra de Dios: Personal y Proposicional 122

LA SIMILITUD ENTRE LA PALABRA VIVA Y ESCRITA 124

LA SUPERIORIDAD DE LA PALABRA VIVA SOBRE LA
PALABRA ESCRITA 124

LA PALABRA ESCRITA ES IMPORTANTE PARA LA
PALABRA VIVA 130

LA INSPIRACIÓN ES IMPORTANTE PARA LA PROPAGACIÓN DE
CRISTO 131

LA INSPIRACIÓN ES IMPORTANTE PARA LA INTERPRETACIÓN DE
CRISTO 132

Índice Temático 136

Bibliografía 138

Más Información 139

PREFACIO

ESTE LIBRO SURGE DE la convicción que Cristo es la clave para la interpretación de la Biblia, no sólo porque Él es el cumplimiento de las profecías y tipos del Antiguo Testamento, sino también porque Cristo es la unidad temática a través de toda la revelación bíblica. Cristo afirmó en varias ocasiones ser el mensaje central de todas las Escrituras del Antiguo Testamento. (Lucas 24:27, 44; Juan 5:39; Hebreos 10:7; Mateo 5:17). Este es un intento de tomar seriamente la afirmación de Cristo que dijo: "Cuando todavía estaba yo con ustedes, les decía que tenía que cumplirse todo lo que está escrito acerca de mí en la ley de Moisés, en los profetas y en los salmos." (Lucas 24:44).

El enfoque Cristo-céntrico de la Biblia en estas páginas no se centra primordialmente en un estudio de los tipos o aún de las profecías del Antiguo Testamento, más bien es un intento de ver a Cristo como la unidad y el mensaje desplegado en toda la Sagrada Escritura. Cristo se presenta como el enlace entre los Testamentos, el contenido del canon entero y el tema unificador dentro de cada libro de la Biblia.

El énfasis aquí se basa en la unidad Cristológica de la Biblia y cómo se relaciona a las grandes secciones y a la estructura de las Escrituras. En cierto sentido, es un estudio Cristo-céntrico de la Biblia. No hay propósito teológico directo para este libro, pero si se ocupa de preguntas teológicas, tales como la inspiración de la Biblia y la deidad de Cristo. Sin embargo, estas surgen de o se relacionan con el tema central de la presentación de Cristo como la clave para una interpretación correcta de la Biblia.

Aparte del eje central de este libro, el cual es el de sugerir algunos enfoques Cristo-céntricos en las Escrituras, quizás la pregunta más importante dirigida aquí es la de la relación entre Cristo y las Escrituras como revelaciones de Dios. Se afirma aquí, que el propósito para la revelación proposicional de las Escrituras es el presentar a la persona del Salvador; La Biblia es el instrumento de Dios para transmitir el mensaje de Cristo y por consiguiente, la Biblia no se debe buscar por el sólo hecho de estudiarla por sí misma, sino que debe ser escudriñada con el objetivo de encontrar a Cristo, porque "De él dan testimonio todos los profetas," (Hechos10:43).59

CAPÍTULO 1 | CRISTO ES LA CLAVE DE LA BIBLIA

CRISTO: LA CLAVE PARA LA INSPIRACIÓN DE LA BIBLIA

La autoridad y la integridad de Cristo están en riesgo cuando se cuestiona la inspiración de la Biblia. Si la Biblia no es la misma Palabra de Dios, final e inquebrantable como Jesús afirmó que es; entonces uno no puede confiar en una de las afirmaciones teológicas centrales de Cristo. Pues está más allá de toda cuestión que el Cristo de los Evangelios del Nuevo Testamento tuvo como uno de los énfasis centrales de Su ministerio, la afirmación categórica de la autoridad divina del Antiguo Testamento. Y lo que Jesús afirmo sobre el Antiguo Testamento, Él lo prometió para el Nuevo Testamento.

Las Afirmaciones de Cristo Acerca de la Inspiración del Antiguo Testamento

En los días de Jesús hubo varias formas de referirse al Antiguo Testamento como un todo y la mayor parte de estas fueron empleadas por Jesús para afirmar la inspiración divina de esas sagradas escrituras.

Las Escrituras

Probablemente la forma más común de referirse al Antiguo Testamento fue llamarlas "Escrituras". Este término es usado cincuenta veces en el Nuevo Testamento y proviene de un un concepto técnico. En 2 Timoteo 3:16 leemos: "Toda la Escritura es inspirada por Dios" y el resto del Nuevo Testamento está de acuerdo con esta definición. Las Escrituras son designadas "sagradas" (2 Timoteo 3:15) y reconocidas como la regla divina de fe y conducta (Romanos 15:4; 2 Timoteo 3:16-17).

Con respecto a lo anterior, el uso de Jesús sobre las Escrituras es muy instructivo. Él desafió a los líderes religiosos (los Fariseos) de Su tiempo preguntando: "—¿No han leído nunca en las Escrituras…?" (Mateo 21:42). A la pregunta de los Saduceos, él replicó, "—Ustedes andan equivocados porque desconocen las Escrituras y el poder de Dios." (Mateo 22:29). Jesús a menudo se refirió a la necesidad de que se cumplieran las escrituras (ver Mateo 26:54, 56; Juan 13:18; 17:12). En Lucas 24:44 Jesús afirmó que todo escrito acerca de Sí Mismo en las Escrituras "era necesario que se cumpliera" (ver v. 45). En numerosas ocasiones Cristo usó la palabra Escritura en singular, sin citar un pasaje específico del Antiguo Testamento (ver Juan 7:38; 42; 19:36; 20:9). Así Él usó la frase "como dicen las escrituras" en una forma algo similar a la expresión actual "como dice la Biblia."

Las Escrituras para Jesús fueron la definitiva, divina revelación para el hombre. Él dijo: "y la Escritura no puede ser quebrantada" (Juan 10:35). Tal era la autoridad divina de las escrituras del Antiguo Testamento para Cristo – las escrituras que fueron la regla de fe, que deben cumplirse y que no pueden ser quebrantadas.

Está Escrito

Íntimamente asociada con la palabra "Escrituras" está la frase "está escrito", una frase a menudo usada por Jesús para apoyar la autoridad divina de Su enseñanza. Esta frase se repite unas noventa y dos veces en el Nuevo Testamento. Usualmente se refiere a un pasaje específico, otras veces sin embargo, la frase cobra un significado más amplio y generalmente señala a todo el Antiguo Testamento. Por ejemplo, Jesús dijo, "¿no dice la Escritura que el Hijo del hombre debe padecer mucho y ser despreciado?" (Marcos 9:12). Él probablemente no se refiere aquí a un pasaje específico del Antiguo Testamento sino a un tema que se encuentra a lo largo del Antiguo Testamento (ver Génesis 3:15; Salmos 22; Isaías

53). En otra ocasión Jesús dijo: "se cumplirán todas las cosas escritas por los profetas acerca del Hijo del hombre," (Lucas 18:31). Aquí la naturaleza general de la frase está bien clara. En Lucas 21:22 Él dijo: "porque éstos son días de retribución, para que se cumplan *todas las cosas que están escritas.*"

Además de estas referencias generales al Antiguo Testamento bajo la frase "está escrito", hay numerosas citas individuales que revelan que Jesús afirmó una colección autorizada de escrituras de origen divino e irrefutable en sus declaraciones. Ver por ejemplo, el hecho que (1) Jesús resistió a Satanás con tres citas enfáticas del Antiguo Testamento introduciéndolas con: *"está escrito"* (Mateo 4:4, 7, 10). (2) Jesús limpió el templo bajo la autoridad de que «*Escrito está: "Mi casa, casa de oración será llamada"*» (Mateo 21:13). (3) él pronunció una desgracia a Su traidor basado en el hecho que "está escrito" (Mateo 26:24). (4) Jesús reprendió la hipocresía religiosa, con *"como está escrito"* (citando a Isaías 29:13 en Marcos 7:6). (5) Él afirmó ser el propio Mesías en "el lugar donde está escrito: «El Espíritu del Señor está sobre mí,»" (Lucas 4:17-18). (6) Jesús contestó la pregunta del maestro de la ley con relación a la forma de heredar la vida eterna diciendo: *"¿Qué está escrito* en la ley?" (Lucas 10:26). (7) Él basó Su propia autoridad e identidad con Dios basándose en el hecho que *"Escrito está* en los Profetas:" (Juan 6:45; ver 10:34). (8) Jesús afirmó aún la autoridad de lo que fue *escrito* (en el Antiguo Testamento) a pesar del hecho de que las autoridades religiosas de Su tiempo quisieron matarle por ello (ver Lucas 20:16-17).

Para Que Se Cumpliese

Otra expresión usada por Jesús para referirse a la autoridad del Antiguo Testamento como un todo es "para que se cumpliese". Ésta se encuentra treinta y tres veces en el Nuevo Testamento. Aunque esta declaración normalmente se usa para referirse a un pasaje específico del

Antiguo Testamento, algunas veces se usa de manera más general para referirse a todo el Antiguo Testamento. Un buen ejemplo de esto proviene del Sermón del Monte (Mateo 5:17) donde Jesús dijo: "no he venido a anularlos [la ley y los profetas], *sino a darles cumplimiento*". Después de Su resurrección Cristo hizo una afirmación similar sobre la ley, los profetas y los salmos "que era *necesario que se cumpliera*" acerca de Él (Lucas 24:44). En Lucas 21:22 Jesús mira al futuro cuando "*se cumplan* todas las cosas que están escritas". Solo en el evangelio de Mateo esta expresión es usada quince veces. Jesús dijo que Él fue bautizado para *cumplir con* toda justicia (Mateo 3:15), Él vino a este mundo para *cumplir con* la ley y los profetas y Él debe morir porque: "¿cómo se *cumplirían* las Escrituras que dicen que así tiene que suceder?" (Mateo 26:54).

La Ley

La palabra *Ley* es reservada usualmente para los primeros cinco libros del Antiguo Testamento que contiene la ley de Moisés (ver Lucas 2:22; Juan 1:45). Algunas veces sin embargo, se refiere al Antiguo Testamento como un todo. En Mateo 5:18 por ejemplo, Jesús dijo: "porque de cierto os digo que antes que pasen el cielo y la tierra, ni una jota ni una tilde pasará de *la Ley*, hasta que todo se haya cumplido." Aquí no sólo declara Jesús claramente la autoridad final de la ley, sino que Él sencillamente identifica la "Ley" con la "ley y los profetas" (v. 17), es decir, a todas las Escrituras del Antiguo Testamento se les refiere simplemente como la ley. Hay otros pasajes en los cuales Cristo afirma la autoridad divina del Antiguo Testamento como la ley de Dios en general. Por ejemplo en Juan 10:34 Jesús dijo a los judíos: "¿No está escrito en vuestra *Ley?*" haciendo referencia al Salmo 82:6. Aquí la palabra Ley incluye al libro de Salmos. En otras partes hay referencias similares de Jesús sobre "la ley de ellos" (los Judíos, Juan 15:25). Asimismo, otros en los tiempos del Nuevo Testamento hablaron del Antiguo Testamento como la *Ley* de los judíos (ver Hechos 25:8; Juan 18:31; Juan 12:34).

La Ley y Los Profetas

Uno de los nombres más comunes para el Antiguo Testamento fue el de "la ley y los profetas." Esta frase ocurre como unas doce veces en el Nuevo Testamento. Jesús consideró que "la ley y los profetas" (1) son la personificación de la verdadera moralidad (Mateo 7:12), (2) abarcan la extensión completa del canon de las Escrituras del Antiguo Testamento (Mateo 11:13) (3) y como aquello que Él vino a cumplir (Mateo 5:17).

La Palabra de Dios

Otra frase que refleja la autoridad completa de las Escrituras del Antiguo Testamento es "la Palabra de Dios." El Nuevo Testamento aplica este título varias veces al Antiguo Testamento como un todo. En Romanos 9:6 por ejemplo Pablo dice: "No que la *palabra de Dios* haya fallado", Hebreos 4:12 afirma que "*La palabra de Dios* es viva, eficaz" (ver también 2 Corintios 4:2; Apocalipsis 1:2). En Juan 10:35 Jesús usando la "Palabra de Dios" paralelamente con la "Escritura", afirmó que "no puede ser quebrantada". Marcos 7:13 es aún más enfático, pues aquí Jesús hace una distinción evidente entre la "tradición" de los judíos y "la Palabra de Dios." Jesús los incriminó diciendo: "Así por causa de la tradición anulan ustedes la palabra de Dios." (Mateo 15:6).

El estudio anterior no puede dejar duda alguna de que el Jesús de los Evangelios afirmó repetidas veces, como un énfasis central de Su ministerio, que las Escrituras Sagradas del Antiguo Testamento Judío, designado como "las Escrituras", "la ley", "las leyes y los profetas"; eran la inquebrantable, imperecedera e intachable "Palabra de Dios". Cristo es la clave para la inspiración del Antiguo Testamento ya que Él incuestionablemente la afirmó; uno no puede atacar la autoridad del Antiguo Testamento sin impugnar la integridad de Cristo.

La Promesa de Cristo Acerca de la Inspiración del Nuevo Testamento

La autoridad divina que Jesús afirmo del Antiguo Testamento también la prometió para el Nuevo Testamento. En varias ocasiones Jesús prometió a Sus discípulos que después de Su partida (la ascensión) el Espíritu Santo les guiaría en sus expresiones acerca de él. Las Escrituras del Nuevo Testamento son un cumplimiento de estas promesas. Es en este sentido que Cristo es también la clave para la inspiración del Nuevo Testamento.

La Promesa de Cristo Dada a los Discípulos

Ni la vida llena de acción de Jesús ni Su misión divina le dieron la ocasión para poner por escrito Sus enseñanzas. Esta tarea se entregó a Sus discípulos con la promesa de que el Espíritu Santo "les dará lo que han de decir" acerca de Cristo y "Él los guiará a toda la verdad."

Jesús repetidamente prometió su guía para lo que los discípulos enseñaban. Aún cuando los doce discípulos fueron los primeros encargados de predicar "el reino de los cielos" (Mateo 10:7), Jesús les prometió, diciendo, "porque os será dado lo que habéis de hablar, pues no sois vosotros los que habláis, sino el Espíritu de vuestro Padre que habla en vosotros." (versículos 19-20; ver Lucas 12:11-12).

La misma promesa básica fue dada también a los setenta cuando fueron autorizados para predicar "el reino de Dios" (Lucas 10:9). Jesús dijo: "El que a vosotros oye, a mí me oye; y el que a vosotros desecha, a mí me desecha" (Lucas 10:16).

Más tarde en el Monte de los Olivos, Jesús otra vez prometió a Sus discípulos: "no os preocupéis por lo que habéis de decir, ni lo penséis, sino lo que os sea dado en aquella hora, eso hablad, porque no sois vosotros los que habláis, sino el Espíritu Santo" (Marcos 13:11).

Aún más tarde, en la Santa Cena, Jesús definió más claramente Su promesa a los once discípulos diciendo: "Pero el Consolador, el Espíritu Santo, a quien el Padre enviará en mi nombre, él os *enseñará todas las cosas y os recordará* todo lo que yo os he dicho." (Juan 14:26). Él también les dijo: "Pero cuando venga el Espíritu de verdad, él os *guiará a toda la verdad*" (Juan 16:13).

La Gran Comisión de Cristo, dada después de Su resurrección contiene la misma promesa: "Ciertamente, yo enviaré la promesa de mi Padre sobre vosotros" para "que se predicara en su nombre el arrepentimiento y el perdón de pecados en todas las naciones" (Lucas 24:49, 47). En Mateo 28:18-19, Jesús comisiona a los discípulos con "Toda potestad me es dada en el cielo y en la tierra" para ir y "hagan discípulos de todas las naciones... *enseñándoles* a obedecer todo lo que les he mandado a ustedes. Prometiéndoles que Él estaría con ellos siempre en cumplimiento de esta comisión de *enseñar* acerca de Él. (v. 20).

La Promesa de Cristo Afirmada

La promesa de Cristo de dirigir a los discípulos en lo que ellos enseñaban acerca de Él es la clave para la autoridad divina del Nuevo Testamento, y la afirmación de los discípulos de tal autoridad es el cumplimiento de esa promesa. En otras palabras:

(1) Todas las cosas que los apóstoles de Jesús enseñaron se originaron en el Espíritu Santo.

(2) El Nuevo Testamento es lo que los apóstoles enseñaban.

(3) Por consiguiente, el Nuevo Testamento se originó del Espíritu Santo.

Existe abundante evidencia de que los apóstoles y aquellos con los que se asociaban afirmaban la promesa de Cristo en la enseñanza dirigida por el Espíritu en sus escrituras.

La afirmación de ser la continuación de las enseñanzas de Cristo

El evangelio de Lucas por ejemplo, afirma darnos un preciso relato de lo que "Jesús hizo y *enseñó desde el comienzo*" (Hechos 1:1; ver Lucas 1:3-4). Por lo tanto, el libro de Hechos da un registro de lo que Jesús *continuó enseñando* a través de los discípulos. Compare con esta afirmación el hecho que la iglesia primitiva se caracterizaba por la devoción a "la *enseñanza de los apóstoles*" (Hechos 2:42), a *la autoridad* final *de sus pronunciamientos (*ver Hechos 15:22) y a *la impartición del Espíritu Santo* a través de su ministerio (ver Hechos 8:14-17; 10:45; 19:6).

La comparación de sus Escrituras con la Escritura del Antiguo Testamento.

Es aún más evidente que los escritores del Nuevo Testamento afirmaron el cumplimiento de la promesa de Cristo al colocar sus escrituras al mismo nivel que las Escrituras del Antiguo Testamento. Tal es la afirmación hecha en Hebreos 1:1-2 que declara que el Dios quien habló por los profetas, nos ha hablado en estos últimos días por Su Hijo, cuya salvación fue "anunciada primeramente por el Señor, nos fue confirmada por los que oyeron" [es decir, los apóstoles]" (Hebreos 2:3).

Pedro en su segunda epístola (3:15-16) clasifica las escrituras de Pablo con "las otras *escrituras*," y 1 Timoteo 5:18 se refiere al evangelio de Lucas (10:7) bajo el título de "escritura".

La afirmación de la Autoridad Divina dentro de los libros del Nuevo Testamento.

Una confirmación adicional de que los escritores del Nuevo Testamento sintieron que sus escrituras eran un cumplimiento de la promesa de Cristo proviene de la afirmación dentro de sus libros. Cada libro en su propia manera, directamente o indirectamente, afirma estar escrito con autoridad divina.

Los Evangelios por ejemplo, afirman ser un relato autoritario del cumplimiento de las profecías del Antiguo Testamento en la vida de Cristo (ver Mateo 1:22; 2:15; 17, 23; 4:14, etc.). Lucas escribió para que Teófilo "conozca bien la verdad" de Cristo (1:1, 4). Juan escribió para que "creáis que Jesús es el Cristo... y... tengáis vida en su nombre." (20:31) y añade que "su testimonio es verdadero" (21:24).

En los Hechos se afirma indirectamente que es un registro continuo de lo que Jesús había comenzado a hacer y *enseñar* en los Evangelios (1:1).

Cada epístola de Pablo afirma su autoridad divina (ver Romanos 1:3-5; 1 Corintios 14:37; 2 Corintios 1:1-2; Gálatas 1:1, 12; Efesios 3:3; Filipenses 4:9; Colosenses 1:1; 4:16; 1 Tesalonicenses 5:27; 2 Tesalonicenses 3:14; 1 Timoteo 4:11; 2 Timoteo 1:13, 4:1; Tito 2:15; Filemón 8).

Las Epístolas Generales también afirman su autoridad divina (ver Hebreos 1:1; 2:3; Santiago 1:1; 1 Pedro 1:1; 2 Pedro 3:2; 1 Juan 1:1; 2 Juan 5, 7; 3 Juan 9, 12; Judas 3; Apocalipsis 22:9, 18-19).

La Iglesia Primitiva Confirmó Esta Afirmación

Jesús prometió inspiración, los escritores del Nuevo Testamento cumplieron esta promesa, y la iglesia primitiva lo confirmó. La confirmación fue manifiesta en el hecho de que los libros del Nuevo Testamento fueron:

(1) aceptados como escritos autoritarios (2 Tesalonicenses 2:15);

(2) leídos en las iglesias (1 Tesalonicenses 5:27);

(3) circulaban entre las iglesias;

(4) citados por otros escritores del Nuevo Testamento (ver 2 Pedro 3:2-3 con Judas 17-18; 1 Timoteo 5:18 con Lucas 10:7) y

(5) agrupados junto con las Escrituras del Antiguo Testamento (2 Pedro 3:15).

Cristo es entonces la clave para la inspiración de la Biblia. Lo que Él afirmo acerca del origen divino y la autoridad irrevocable del Antiguo Testamento, también lo prometió para las escrituras apostólicas del Nuevo Testamento. La prueba de que esto es cierto se ve en el hecho de que la inspiración que Cristo prometió, los escritores del Nuevo Testamento afirmaron y la iglesia primitiva aceptó; a saber, que las escrituras del Nuevo Testamento fueron consideradas al mismo nivel de autoridad divina que las Escrituras del Antiguo Testamento.

CRISTO: LA CLAVE PARA EL CANON DE LA BIBLIA

La palabra *canon* aplicada a la Biblia quiere decir que esas escrituras que son consideradas como la "regla" (el griego, *Kanon*) o "norma" de fe y práctica. Es decir, el "canon" de las Escrituras son esos libros que son constituidos con autoridad divina. En otras palabras, un libro es "canónico" si es inspirado por Dios. La inclusión en el "canon" o la autoridad divina de un libro fue otorgado o determinado por Dios, quien le dio esa autoridad. El canon sin embargo, tuvo que ser descubierto o reconocido por los hombres de Dios, quienes aceptaron y agruparon estas escrituras. Esto trae el problema que se refiere a los signos o las características distintivas de un libro canónico. ¿Cómo pudo reconocer la iglesia cuáles libros Dios había inspirado? La iglesia primitiva a menudo buscó signos como:

1. ¿Fue este libro escrito por un hombre de Dios?
2. ¿Fue el autor confirmado como profeta de Dios?
3. ¿Dice la verdad acerca de Dios (como se ha sabido de revelaciones previas)?
4. ¿Tiene el poder de Dios (por ejemplo para edificar)?
5. ¿Fue aceptado por la gente de Dios?

A esta lista puede ser añadida otra marca que abarca varios de estos (con aplicación particular para el Antiguo Testamento), a saber: ¿Fue confirmado por el Hijo de Dios? ¿Se refirió Jesús o citó de un libro como que fuese canónico? Si es así, entonces la clave para el canon puede ser encontrada en la verificación de Cristo.

Ya se ha mencionado lo que enseñó Jesús acerca de la autoridad divina del Antiguo Testamento como un todo. Si puede ser determinado cuáles libros constituyeron el canon del Antiguo Testamento al cual Jesús se refirió, entonces por consiguiente podría ser establecido lo que constituyó el canon que Él aprobó. Hay varias líneas de evidencia para comprobar que el canon de Cristo es idéntico al del Antiguo Testamento judío y protestante del día de hoy.

El Antiguo Testamento judío del día de hoy consta de veinticuatro libros, pero es idéntico con el Antiguo Testamento Protestante que consta de treinta y nueve libros porque el primero "combina" los doce Profetas Menores en un solo libro, lo mismo ocurre con Reyes, Samuel, Crónicas y Esdras-Nehemías. Algunas veces los judíos cuentan veintidós libros cuando el libro de Rut se combina con Jueces y Lamentaciones con Jeremías, correspondiendo así con el número de letras en el alfabeto hebreo. El Antiguo Testamento Católico Romano por otra parte tiene siete libros más (y cuatro partes de libros), totalizando cuarenta y seis y cuatro partes de libros. Estos son conocidos como libros Apócrifos y constan de: (1) Tobías; (2) Judit; (3) Sabiduría de Salomón; (4) Eclesiástico (o Sirac); (5) Baruc y Carta de Jeremías; (6) 1 Macabeos; (7) 2 Macabeos; (8) Adiciones a Ester (10:4-16:24);[1] (9) La oración de Asarías y El Canto de los Tres Jóvenes (añadidos después de Daniel 3:23); (10) Susana (Daniel 13); y (11) Bel y el dragón (Dan. 14).

¿Consideró Jesús estos libros como parte de la inspiración del canon de las Escrituras? La evidencia es claramente en contra de tal punto de vista por varias razones. Aún la secta mesiánica en Qumrán poseía libros apócrifos, pero aparentemente no los estimaba de igual valor con las Sagradas Escrituras. Millar Burrows dijo acerca de los Apócrifos: "No hay razón para pensar que cualquiera de estas obras fueron veneradas como las Sagradas Escrituras." (*More Light on the Dead Sea Scrolls*. New York: Viking, 1958, p. 178). Los eruditos citan varias líneas de evidencia para ver a los apócrifos como no canónicos en Qumrán: (1) la ausencia de comentarios en los libros apócrifos, (2) no se pudo encontrar ninguno de los libros apócrifos escritos en materiales de escritura más valiosos como el pergamino, (3) e incluso que no se pudo encontrar ningún libro Apócrifo escrito en el tipo de letra especial (más alto) como la de los libros canónicos.[2]

El Testimonio de Jesús Acerca del Canon

Como ya se ha señalado, las designaciones más comunes del canon completo del Antiguo Testamento en los tiempos de Jesús fue la frase "la ley y los profetas." Esta frase ocurre aproximadamente doce veces en el

---

[1] En el Antiguo Testamento judío y protestante, el libro de Ester termina en Ester 10:3 y el de Daniel en Daniel 12.

[2] Para mayor profundización de este punto, véase N. L. Geisler y William Nix, *A General Introduction to the Bible* (Chicago: Moody, 1988), cap. 11 o *From God to Us*, cap. 8.

Nuevo Testamento (ver Mateo 5:17; Lucas 16:16; Hechos 24:14), y cada vez se refiere a *todo* el Antiguo Testamento (todos los veintidós libros de los judíos o los treinta y nueve de los protestantes). En Mateo 11:13 el alcance de esta frase se deja claramente indicado, la "ley y los profetas" incluye todas las escrituras inspiradas desde Moisés hasta Juan el Bautista. Esto por supuesto no define el contenido preciso del canon del Antiguo Testamento (este debe ser resuelto por otras fuentes); lo que si hace sin embargo, es revelar los límites del canon del Antiguo Testamento como la "la ley y los profetas" judíos. Así es que la *totalidad* del Antiguo Testamento es referido como *dos* clases, la ley y los profetas.[3] Jesús llamó a estas dos secciones "todas las escrituras" (Lucas 24:27). Existen evidencias de que la comunidad del mar Muerto en Qumrán, los esenios en el tiempo de Cristo también se refirieron al Antiguo Testamento entero como la ley y los profetas (Lucas 24:27) como hizo el escritor de 2 Macabeos (ver 15:9).

Sin embargo hubo una tendencia temprana, aún antes del tiempo de Jesús (ver Prólogo a Eclesiástico, 132 a.C.) de subdividir a los profetas en dos secciones teniendo así una triple división, designado como la Ley, los Profetas y los Escritos. Jesús mismo se refiere a una triple división (Lucas 24:44), llamando el Antiguo Testamento "la Ley de Moisés y los Profetas y los Salmos". Sin importar la división, el contenido es el mismo como será evidente en breve.

El Contenido Del Canon Del Antiguo Testamento De Jesús

Josefo, el historiador judío del tiempo de Cristo (37-100 d.C.), es la mejor fuente no bíblica para el contenido del canon al cual Cristo hizo referencia. ¿Incluyó los libros apócrifos o sólo los veintidós libros de la Biblia hebrea del día de hoy? La respuesta de Josefo es muy clara:

---
[3] Ver El Manual de Disciplina, I, 3; VIII, 15.

Porque no tenemos una numerosa multitud de libros entre nosotros... sólo los veintidós libros... que se creen justamente que son divinos; y de ellos [1] cinco pertenecen a Moisés... [2] los profetas, quienes siguieron después de Moisés escribieron lo que se hizo en sus tiempos en trece libros. [3] Los cuatro libros restantes contienen himnos a Dios, y preceptos para la conducta de la vida humana.[4]

El testimonio de Josefo es instructivo porque explícitamente excluye cualquier libro escrito entre 400 a.C. y 100 d.C. (su tiempo). Él dice:

Es verdad que nuestra historia ha sido escrita desde Artajerjes [424 a.C.], muy particularmente, pero no ha sido estimada de la misma autoridad que la primera por nuestros antepasados, porque no había una sucesión exacta de profetas desde ese tiempo.[5]

Es decir, los judíos no han considerado ningún libro inspirado desde Malaquías. Ahora dado que los libros apócrifos (oficialmente añadidos a la Biblia en 1546 d.C. por la Iglesia Católica Romana) fueron escritos en el período entre 200 a.C. y 100 d.C., quedarían explícitamente excluidos, como de hecho están en la lista de veintidós libros que dio Josefo.

El uso de Jesús del Antiguo Testamento resuelve la cuestión sobre el contenido del canon sin ninguna corroboración de fuentes judías contemporáneas. Primero, en Mateo 23:35 Jesús definió los límites de la historia inspirada del Antiguo Testamento entre los mártires Abel (Génesis) y Zacarías (2 Crónicas 24:20 o 36:15-16). Ahora bien, puesto que hubo muchos mártires judíos en los libros apócrifos después de este tiempo (ver 2 Macabeos 2, 5, 6, 7), la declaración de Jesús obviamente los excluye como parte de la historia inspirada del Antiguo Testamento. Además, en numerosas citas y referencias de cada sección principal del Antiguo Testamento desde el primer capítulo de Génesis (1:27; ver Mateo

19:4) hasta el último capítulo de Malaquías (4:5, ver Marcos 9:12), *Jesús nunca cita o hace referencia a ningún libro Apócrifo*. Él nunca cita de ningún libro aparte de los veintidós libros del Antiguo Testamento hebreo, que corresponden exactamente a los treinta y nueve libros del Antiguo Testamento protestante.

Las Referencias de Jesús a la Ley

Génesis 1:27 fue citado por Jesús en Su respuesta a los fariseos: "¿No habéis leído que el que los hizo al principio, «hombre y mujer los hizo»...?" (Mateo 19:4-5). Éxodo 16:4, 15 es citado en Juan 6:31: "como está escrito: «Les dio a comer pan del cielo.»" Jesús se refiere a Levítico cuando le dijo al leproso "y presenta la ofrenda que ordenó Moisés" (Mateo 8:4, ver Levítico 14:2). Jesús aludió a Números en Juan 3:14 cuando dijo, "Y como Moisés levantó la serpiente en el desierto..." (ver Números 21:9). De todos los libros de la Ley, Deuteronomio fue el más citado por Jesús. Él resistió a Satanás con tres citas de Deuteronomio (Mateo 4:4 ver Deuteronomio 8:3; Mateo 4:7 ver Deuteronomio 6:16; Mateo 4:10 ver Deuteronomio 6:13). En Marcos 12:29 Jesús cita el famoso pasaje de Deuteronomio 6:4 cuando dice: "Jehová nuestro Dios, Jehová uno es". En cuanto al divorcio Jesús se refiere a Deuteronomio 24:1-4 (Marcos 10:4), así como también la ley del pariente de Deuteronomio 25:5 (Mateo 22:24) y otros. Mientras que es también cierto que los libros del Antiguo Testamento como Ester y Cantares no fueron individualmente verificados por Cristo, no obstante estos pasaron las pruebas para entrar en el canon. De todos modos, no son libros bajo disputa. La responsabilidad de presentar pruebas es para los que argumenten que Jesús y/o los judíos aceptaron los libros apócrifos.

Las Referencias de Jesús a los Profetas

El resto de Antiguo Testamento está compuesto de los profetas. La mayor parte de estos libros fueron citados por Jesús. Jesús no hace mención de Josué y Jueces, pero sí de Samuel y Reyes. El comer del "pan sagrado" por David (1 Samuel 21:1-6) es mencionado en Mateo 12:3-4. El ministerio de Elías a la viuda (1 Reyes 17) es mencionado en Lucas 4:25. A Crónicas se refiere en Mateo 23:35 (ver 2 Crónicas 24:21). Esdras-Nehemías es probablemente mencionado en Juan 6:31 (ver Nehemías 9:15), "les diste pan del cielo" (aunque esta cita puede ser adaptada de Salmo 78:24 o 105:40). Jesús no hace referencia directa a Ester ni a Job tampoco.

Salmos sin embargo, es uno de los libros más a menudo citado por Jesús. Él citó Salmos (1) a la edad de doce (Lucas 2:49, ver Salmo 26:8; 27:4); (2) en el Sermón del Monte (Mateo 5:35; 7:23, ver Salmos 48:2; 6:8); (3) al enseñar a la multitud (Mateo 13:35, ver Salmo 78:2); (4) al llorar sobre Jerusalén (Mateo 23:37, ver Salmo 91:4); (5) al purificar el templo (Mateo 21:16, ver Salmo 8:2); (6) al contestarle a los judíos (Mateo 21:42, ver Salmo 118:22-23); (7) en la última cena (Mateo 26:30, ver Salmo 95-98); (8) en la cruz (Mateo 27:46, ver Salmo 22:1) y (9) después de Su resurrección (Lucas 24:44). Posiblemente Jesús hizo una referencia a los Proverbios (25:6-7, ver Lucas 14:8-10) pero no se refiere claramente a Eclesiastés o a Cantares.

Jesús hizo muchas referencias al libro de Isaías (ver Lucas 4:18 con Isaías 61:1; Juan 12:38 con Isaías 53:1). Jeremías 18 y 19 son citados (por medio de Zacarías 11:12-13) en Mateo 27:9, y de Lamentaciones (3:30) se hace mención en Mateo 27:30. Ezequiel no es claramente citado por Jesús, pero Su referencia al "agua viva" en Juan 7:38 puede ser una alusión a Ezequiel 47:1. Daniel es claramente citado por Cristo en Mateo 24:15 (ver Daniel 9:27), cuando se refirió a la "abominación desoladora". Los Doce (los Profetas Menores) son citados varias veces. (ver Oseas 10:8 con Lucas 23:30; Zacarías 13:7 con Mateo 26:31; Malaquías 4:5 con Mateo 17:11). Jesús citó o se refirió a unos quince libros de los veintidós libros del canon hebreo del Antiguo Testamento, incluyendo libros de cada sección, y versos de muchos capítulos extendiéndose desde el primer capítulo de Génesis hasta el último capítulo de Malaquías; pero Jesús nunca citó o se refirió a ningún libro apócrifo. De hecho, dado que los libros apócrifos eran conocidos por los judíos de los días de Jesús, pero no formaban parte del canon que ellos aceptaron (como es claro por Josefo), entonces puede concluirse con seguridad que Jesús no sólo *omitió* los libros apócrifos del canon de las Escrituras inspiradas, sino que también los *excluyó* definitivamente. En resumen, el canon de Cristo, como el canon aceptado por los judíos palestinos de Su época, consistente en veintidós (veinticuatro) libros, es idéntico a los treinta y nueve libros del Antiguo Testamento Protestante de hoy.

CRISTO: LA CLAVE DE LA AUTENTIFICACIÓN DE LA BIBLIA

No sólo es Cristo la clave de la inspiración y el canon de la Biblia, sino que es la clave para la autentificación de las narraciones históricas y milagrosas del Antiguo Testamento. Muchos de los acontecimientos importantes del Antiguo Testamento que los críticos de la Biblia niegan fueron verificados por Cristo. A uno le queda la opción de impugnar la integridad del Cristo de los Evangelios o de aceptar la autenticidad de estos acontecimientos.

La Verificación de Cristo del Carácter Histórico de los Eventos del Antiguo Testamento

Jesús personalmente verificó la verdad histórica de (1) Adán y Eva (Mateo 19:4); (2) el asesinato de Abel (Mateo 23:35); (3) Noé y el diluvio (Lucas 17:27); (4) Lot y la destrucción de Sodoma (Lucas 17:29); (5) la existencia de los patriarcas Abraham, Isaac y Jacob (Lucas 13:28); (6) Moisés y la zarza ardiente (Lucas 20:37); (7) las andanzas de Israel en el desierto (Juan 3:14); (8) la historia de Elías y la viuda (Lucas 4:25); (9) y de Naamán el leproso sirio (Lucas 4:27); (10) David y el tabernáculo (Mateo 12:3-4); (11) Salomón y la reina de Sabá (Mateo 12:42); (12) Jonás y Nínive (Mateo 12:41); (13) Daniel el profeta (Mateo 24:15); (14) Isaías el profeta (Juan 12:38-41).

Es obvio que Jesús sostuvo que estas personas y acontecimientos fueron históricos por la forma definitiva en que Él se refiere a ellos y la autoridad de la enseñanza que Él basa en los mismos. Por ejemplo cuando Jesús afirma "Como estuvo Jonás en el vientre del gran pez tres días y tres noches, así estará el Hijo del hombre en el corazón de la tierra tres días y tres noches..." (Mateo 12:40), obviamente está afirmando que ambos acontecimientos son históricos. Jesús jamás contendería la realidad de Su muerte y su resurrección sobre la base de un mito acerca de Jonás.

La Verificación de Cristo del Carácter Milagroso de los Acontecimientos del Antiguo Testamento

Los acontecimientos del Antiguo Testamento no sólo fueron considerados históricos, sino que muchos de ellos fueron de carácter sobrenatural. En efecto, las referencias de Jesús verifican la naturaleza milagrosa de:

1. La destrucción mundial por un diluvio (Lucas 17:27)

2. La esposa del Lot cristalizada (Lucas 17:32)

3. La zarza ardiente ante Moisés (Lucas 20:37)

4. La sanación de Israel de las mordeduras de serpientes (Juan 3:14)

5. El maná del cielo (Juan 6:49)

6. La sanación de Naamán el leproso (Lucas 4:26)

7. Los milagros de Elías para la viuda (Lucas 4:25)

8. La preservación de Jonás en la ballena (Mateo 12:41)

9. Las profecías de Daniel (Mateo 24:15)

10. Las profecías de Isaías (Juan 12:38-41)

Jesús verificó todos estos, y ni se diga sobre su confirmación de la existencia y la personalidad del diablo (ver Mateo 4:1-11), los innumerables demonios (ver Marcos 5:1-13), Su conversación sobrenatural con Moisés y Elías y los numerosos milagros que Jesús hizo en Su tiempo. La afirmación de Cristo es clara: el Antiguo Testamento es un relato histórico de los tratos sobrenaturales de Dios con Su pueblo.

Algunos críticos dicen que las referencias de Jesús a personajes del Antiguo Testamento como Moisés, David e Isaías no deben tomarse como *verificación* de que ese personaje sea el autor del pasaje sino que meramente como *identificadores* del pasaje. Sin embargo en algunos casos Jesús se está refiriendo específicamente al autor del libro. Por ejemplo Jesús se refirió a dos secciones de Isaías (53:1 y 6:10) como provenientes del *mismo autor*, Isaías (Juan 12:38, 40) y a los primeros cinco libros del Antiguo Testamento como "el libro de Moisés" (Marcos 12:26), "la ley de Moisés" (Lucas 24:44) y aún como Moisés (Lucas 16:29; 24:27). Él habló también de un salmo como de David, pero la pregunta es si él usó estos nombres meramente para la *ubicación* del pasaje citado o para una *verificación* de la persona que lo escribió (o ambos). Hay ocasiones en que Jesús claramente se refiere al libro y no a la persona que lo escribió, por ejemplo cuando habló del *"libro de* Moisés" (Marcos 12:26), o de lo que está escrito "acerca de mí en la *ley de* Moisés" (Lucas 24:44), o "Bien profetizó Isaías... como está escrito" (Marcos 7:6). Sin embargo, hay ocasiones cuando Jesús distingue entre el autor y su libro, como cuando dijo: "pues el mismo David dice en el libro de los Salmos" (Lucas 20:42), o "escribió Moisés en la ley," (Juan 1:45), o "David, en el Espíritu lo llama Señor" (Mateo 22:43, ver v. 42). En estos y otros pasajes, Jesús pareció ir más allá del mero título del libro y dio el nombre de su autor.

La pregunta crucial para indagar acerca de cada pasaje es: ¿Qué es lo que Jesús está afirmando? Si vemos que Jesús está claramente afirmando o implicando directamente la identidad del autor de un libro, entonces esto ciertamente debe tomarse como una verificación de ese hecho. Pero no importa cómo se responda a esta pregunta, no puede haber duda alguna que las numerosas y categóricas afirmaciones de Cristo acerca de la autoridad, la historicidad y la autenticidad del canon judío de las Escrituras; manifiestan claramente que Él definitivamente enseñaba estas verdades.

¿Verificación o Acomodamiento?

Algunos críticos argumentan que Cristo nunca verificó la inspiración, canon o autenticidad del Antiguo Testamento en lo absoluto. Ellos argumentan que Cristo no estaba para nada interesado en esos aspectos formales y técnicos, sino que más bien en un "acomodamiento" a la tradición judía aceptada de Su tiempo. Es decir, él no afirmaba por ejemplo el hecho histórico que Jonás *estaba* en la ballena, sino que estaba diciendo: "Pues ustedes *creen que* Jonás estaba en la ballena, así que deseo *utilizar* esta tradición aceptada o mito para ilustrarles que..." Según este punto de vista, Jesús no estaba haciendo *afirmaciones* acerca de la historicidad, autenticidad, canon o autoridad del Antiguo Testamento, sino que se ocupó en *acomodarse* a tales preguntas.

La tragedia sobre esta "bella" teoría es que es ahogada por una inundación de hechos -hechos que vienen del carácter y contenido del ministerio de Cristo. Primero se debe observar, con relación a la enseñanza de Jesús acerca de la inspiración del Antiguo Testamento, que cualquier idea de acomodación está en contradicción directa a uno de los temas centrales del ministerio de Cristo. Pues no es asunto de unas pocas referencias ocasionales del Antiguo Testamento por Jesús, sino a un énfasis constante y dominante de Su ministerio. Aún si el registro del evangelio diera solo la esencia de lo que Jesús dijo (y hay prueba suficiente que da mucho más que esto),[4] entonces sabemos que Jesús creyó y enseñó la autoridad divina de las Escrituras del Antiguo Testamento.

Aún más, con relación al canon y la autentificación del Antiguo Testamento por Cristo, no puede haber duda alguna de que Jesús no acomodaba. Jesús nunca vaciló en reprender puntos de vista religiosos existentes que no fuesen ciertos, como lo hizo con los judíos que exaltaron sus "tradiciones" por encima de "el mandamiento de Dios" (Mateo 15:1-3). Seis veces en el Sermón del Monte Él contrastó Sus afirmaciones con interpretaciones judías falsas del Antiguo Testamento, con frases tales como "Oísteis que fue dicho... Pero yo os digo" (Mateo 5:21-22, 27-28, 31-32; 33-34, 38-39, 43-44). Jesús a menudo les dijo, como en Mateo 22:29: "Erráis, ignorando las Escrituras y el poder de Dios". Él reprendió al gran líder religioso Nicodemo, diciendo: "Tú, que eres el maestro de Israel, ¿no sabes esto? [acerca del nuevo nacimiento]" (Juan 3:10). Jesús también les decía a los hombres cuándo tenían razón acerca del Antiguo Testamento, como cuando les dijo a los fariseos acerca de los diezmos: "Esto era necesario hacer," (Mateo 23:23), o a la respuesta del maestro de la ley acerca de que el amor es el mayor mandamiento: "Bien has respondido" (Lucas 10:28). Por otra parte cuando estaban simplemente equivocados -ya sea en precepto o en principio- Jesús no vaciló en llamarlos "guías ciegos" (Mateo 23:16) o "falsos profetas" (Mateo 7:15). Cristo reprendió a los hombres cuando estaban equivocados, los elogió cuando tenían razón; pero nunca se sabe que se haya adaptado o acomodado a sus errores -ciertamente no a ningún error acerca de las Sagradas Escrituras.

---

[4] Vea Norman L. Geisler, "New Testament, Historicity of" en *The Big Book of Christian Apologetics* (Baker, 2012).

Por supuesto algunos críticos argumentan que no fue cuestión de acomodar sino de *limitación* que imposibilita aplicar la autoridad de Cristo a los asuntos históricos y críticos del Antiguo Testamento. A veces se sostiene por ejemplo, que el conocimiento de Jesús de estos asuntos "no espirituales" fue limitado porque realmente Él no era Dios. Sin embargo, Jesús claramente afirmó ser Dios, declarando que Él era el "YO SOY" del Antiguo Testamento (Éxodo 3:14) y el Hijo de Dios mismo (Mateo 16:16-18; Marcos 14:61-62). Esas afirmaciones de su deidad no fueron malentendidas por los judíos monoteístas de Su época. Cuando Jesús dijo "El Padre y yo uno somos" (Juan 10:30), ellos tomaron piedras para matarlo diciendo: "porque tú, siendo hombre, te haces Dios" (v.33). Asimismo, cuándo Jesús dijo al paralítico: "Hijo, tus pecados te son perdonados" (Marcos 2:5), los escribas con razón le preguntaron: "¿Quién puede perdonar pecados, sino sólo Dios?" (v. 7). Y cuando Jesús dijo: "De cierto, de cierto os digo: Antes que Abraham fuera, yo soy" (Juan 8:58), nadie confundió Su reclamo en cuanto a Su deidad (ver "**YO SOY**" en Éxodo 3:14) pues nuevamente tomaron piedras para apedrearlo. Hay mayor evidencia de que las Escrituras en general enseñan la deidad de Cristo (ver también Mateo 26:64-65; Hebreos 1:8).

Algunos han sustentado que el conocimiento de Cristo estaba limitado por la encarnación como se indica por el hecho de que Él afirmo ser ignorante del tiempo de Su segunda venida (Marcos 13:32), también parecía ignorar si la higuera tenía fruto (Marcos 11:13), se dijo que Él "crecía en sabiduría" (Lucas 2:52) y que "se despojó a sí mismo" (Filipenses 2:7) al convertirse en hombre. Es suficiente contestar a esta objeción al señalar que la Biblia afirma claramente que Cristo no estaba limitado en conocimiento aún en Su encarnación. Por ejemplo dice que Jesús vio a Natanael bajo la higuera sin estar a distancia visual (Juan 1:48), que "conocía a todos" y "él sabía lo que hay en el hombre" (Juan 2:24-25), que él conocía la reputación de la mujer de Samaria (Juan 4:18-19), que Él sabía de antemano quién creería y quien le traicionaría (Juan 6:64), que Él sabía de la muerte de Lázaro antes que le dijesen (Juan 11:14), sabía de la negación de Pedro de antemano (Mateo 26:34) y de Su propia muerte y su resurrección (Marcos 9:31), así como de los acontecimientos relacionados con la caída de Jerusalén y Su segunda venida (ver Mateo 24). Después de haber demostrado Su conocimiento a Sus discípulos a lo largo de Su ministerio, ellos declararon: "Ahora entendemos que sabes todas las cosas" (Juan 16:30).

Con respecto a que Jesús no supiera el tiempo de Su segunda venida (Marcos 13:32), *como Dios* sin duda que Él lo sabía pero *como hombre* el Padre no se lo había revelado (ver Hechos 1:7). Sea lo que haya sido de lo que Cristo "se haya despojado" en Filipenses 2:7, claramente no fue de Su deidad ni de los atributos que le corresponden (tales como la omnisciencia), pues Dios no puede cambiar o puede dejar de ser Dios (Malaquías 3:6; Santiago 1:17). Como el Dios-Hombre, Jesús tenía dos naturalezas distintas, una era infinita en conocimiento y la otra era finita. En la Encarnación, Cristo no se vació de Su deidad, sino de la manifestación de su gloria divina y del ejercicio independiente de sus poderes divinos. Como hombre, Jesús estaba limitado en Su conocimiento a lo que El fue enseñado por el Padre (Mateo 11:27). En Su naturaleza humana Jesús creció en conocimiento como niño (Lucas 2:52). Pero el hecho de que Él no lo supiera todo como hombre no niega la autoridad divina de lo que Él sabía y enseñaba. Como hemos visto, Él sabía y enseñó que Él era el Hijo de Dios y que la Biblia es la Palabra de Dios.

Por supuesto, Jesús estuvo subordinado al Padre en todo que enseñó. Jesús reconoció esto cuando dijo: "El Padre es mayor que yo" (Juan 14:28) y "He descendido del cielo, no para hacer mi voluntad, sino la voluntad del que me envió." (Juan 6:38). El Apóstol Pablo enseñó lo mismo cuando escribió: "Dios es la cabeza de Cristo" (1 Corintios 11:3) y "Pero, luego que todas las cosas le estén sujetas, entonces también el Hijo mismo se sujetará al que le sujetó a él todas las cosas, para que Dios sea todo en todos." (1 Corintios 15:28). Sin embargo, la *subordinación* del Hijo en Su oficio y función no requiere en modo alguno la *limitación* de Su conocimiento y naturaleza. El Hijo está subordinado en Su *oficio*, pero es equivalente en *naturaleza* con el Padre (Juan 10:30; 5:23: 1:1). La subordinación del Hijo sólo enseña que hay orden en la Divinidad y no que haya alguna limitación o error en la enseñanza de Cristo. Porque una cosa es afirmar que había *limitaciones* humanas en el conocimiento de Jesús y otra muy distinta decir que *erró* en lo que enseñó. Así como la encarnación colocó alguna limitación finita en la infinita deidad de Cristo y sin embargo nunca pecó (Hebreos 4:15; 1 Juan 3:5), de igual manera, cualesquiera que sean las limitaciones que afectaron Su conocimiento; debe afirmarse que *nunca se equivocó* en nada de lo que enseñó (ver Juan 8:40, 46). En resumen, no hay prueba de ninguna limitación en la verdad de lo que Cristo enseñó, y ciertamente no hay *error* alguno en Su enseñanza.

Aún así algunos críticos argumentan que Jesús no estaba preocupado por cuestiones históricas y críticas sino sólo por cuestiones teológicas o espirituales. Pero tal no es el caso, pues Sus afirmaciones acerca de la historia y autenticidad del Antiguo Testamento y la autoridad de las afirmaciones morales y espirituales de Jesús a menudo se basaban en la veracidad de la gente y en los acontecimientos del Antiguo Testamento a los cuales se refirió (Juan 8:56-58). Jesús habló de esta objeción cuando dijo; "Si os he dicho *cosas terrenales* y no creéis, ¿cómo creeréis si os digo las celestiales?" (Juan 3:12). Es decir, si no podemos confiar en las declaraciones de Cristo acerca de las cuestiones históricas verdaderas, las cuales pueden ser probadas, ¿cómo podemos creer en lo que dice acerca de las cuestiones espirituales, los cuáles no pueden ser puestas a prueba?

Y el mismo Antiguo Testamento del cual Jesús afirmó la historicidad y la autoridad divina, ha sido confirmado por muchos hallazgos arqueológicos como históricamente confiable.[5]

CRISTO: LA CLAVE PARA LA INTERPRETACIÓN DE LA BIBLIA

Aún entre los que conceden que Cristo es la clave para las áreas mencionadas, parece ser una verdad olvidada que Jesús es también la *clave para la interpretación de la Biblia*. Cristo, por lo menos en cinco ocasiones afirmó que Él era el tema de toda la extensión de las Escrituras del Antiguo Testamento y sin embargo, a menudo se estudian con poco más que escasas alusiones a ciertas referencias proféticas y tipológicas sobre la persona y la obra del Salvador. Las páginas siguientes de este libro serán un intento para amplificar e ilustrar exactamente cómo puede Cristo ser visto como la clave interpretativa que desata el significado de la Biblia.

---

[5] Ver Geisler y Holden, *A Popular Handbook of Biblical Archaeology* (Harvest House, 2013).

CAPÍTULO 2 | CRISTO EN EL ANTIGUO TESTAMENTO

VER EL ANTIGUO TESTAMENTO EN FORMA CRISTO-CÉNTRICA no es una opción interpretativa (hermenéutica); para el cristiano es un imperativo divino. En cinco ocasiones diferentes Jesús afirmó ser el tema de todo el Antiguo Testamento: (1) Mateo 5:17; (2) Lucas 24:27; (3) Lucas 24:44; (4) Juan 5:39; (5) Hebreos 10:7.

Un examen de estos pasajes revela que hay por lo menos cuatro diferentes maneras Cristo-céntricas de ver el Antiguo Testamento. Cada pasaje enfatiza un sentido diferente en el cual Cristo es el cumplimiento del Antiguo Testamento. Y en cada caso el libro en el cuál la declaración de Jesús ocurre es una ilustración de ese enfoque Cristo-céntrico de el Antiguo Testamento. Los pasajes son los siguientes:

- Y comenzando desde Moisés y siguiendo por todos los profetas, les declaraba en todas las Escrituras lo que de él decían. (Lucas 24:27).

- Luego les dijo: —Éstas son las palabras que os hablé estando aún con vosotros: que era necesario que se cumpliera todo lo que está escrito de mí en la Ley de Moisés, en los Profetas y en los Salmos. (Lucas 24:44)

- Entonces dije: "He aquí, vengo, Dios, para hacer tu voluntad, como en el rollo del libro está escrito de mí." (Hebreos 10:7) [6]

- No penséis que he venido a abolir la Ley o los Profetas; no he venido a abolir, sino a cumplir, (Mateo 5:17)

---

[6] Aunque la referencia inmediata aquí es probablemente al libro de Salmos (40:8) de donde fue tomada la cita y no al Antiguo Testamento como un todo; el hecho que se diga que el Mesías se compromete a realizar cualquier cosa que sea la voluntad de Dios, justifica la extensión de esta referencia al Antiguo Testamento como un todo, en la medida en que define la voluntad de Dios para la obediencia sacerdotal de Cristo. Que este enfoque está justificado se ilustra por el método Cristo-céntrico del mismo libro de Hebreos.

- Escudriñad las Escrituras, porque a vosotros os parece que en ellas tenéis la vida eterna, y ellas son las que dan testimonio de mí; (Juan 5:39)

Cuatro Vistas Cristo-céntricas Del Antiguo Testamento

Pasaje	Enfoque: Cristo Visto como el Cumplimiento Del Antiguo Testamento	Ilustrado en	Cristo Visto como
Lucas 24:27, 44	Profecía Mesiánica	Lucas y Hechos	Mesías y Rey
Hebreos 10:7	Sacerdocio Levítico	Hebreos	Sacerdote y Sacrificio
Mateo 5:17	Preceptos Morales	Mateo	Profeta y Maestro
Juan 5:39	Promesas de Salvación	Juan y Apocalipsis	Salvador y Señor

CRISTO: EL CUMPLIMIENTO DE LA PROFECÍA MESIÁNICA DEL ANTIGUO TESTAMENTO

Podemos entender que los profetas del Antiguo Testamento hicieron predicciones acerca de la venida del Cristo o sobre el Mesías por muchos de sus versículos en el Antiguo Testamento, sin necesidad de recurrir a su cumplimiento en el Nuevo Testamento. Los creyentes del Antiguo Testamento esperaban la venida de un Salvador desde el principio (ver Génesis 3:15; 49:10), aunque la palabra *Mesías* [el ungido] fue usada por primera vez refiriéndose a su Rey venidero hasta en 1 Samuel 2:10. Por lo tanto, un estudio del Antiguo Testamento para encontrar sus *predicciones Mesiánicas,* es un provechoso y muy legítimo enfoque Cristo-céntrico. Entre las Escrituras inspiradas del Nuevo Testamento parece ser que Lucas da la mejor ilustración de cómo puede proceder tal estudio.

Fue Lucas quien registró que Jesús afirmó dos veces la legitimidad de este enfoque (Lucas 24:27, 44). En primer lugar, a los dos discípulos en el camino a Emaús Jesús dijo: " ¡Insensatos y tardos de corazón para creer todo lo que los profetas han dicho! ¿No era necesario que el Cristo padeciera estas cosas y que entrara en su gloria? Y comenzando desde Moisés y siguiendo por todos los profetas, *les declaraba en todas las Escrituras lo que de él decían."* (24:26-27). Con la fresca impresión de esta exposición divina de las Escrituras Mesiánicas del Antiguo Testamento todavía ardiendo dentro de sus corazones, reportaron su experiencia a los once (24:32-35). Antes que terminaran su informe, Jesús se apareció ante el grupo y habiendo comido con ellos "les dijo: — Éstas son las palabras que os hablé estando aún con vosotros: que *era necesario que se cumpliera todo lo que está escrito de mí* en la Ley de Moisés, en los Profetas y en los Salmos." (Lucas 24:44).

A menudo se ha preguntado qué fue lo que Jesús dijo a estos discípulos y exactamente cuál fue el contenido de su propio enfoque Cristo-céntrico del Antiguo Testamento. Pero no hay necesidad de preguntarse esto puesto que Lucas ilustra ampliamente este enfoque en su evangelio y en los Hechos. El enfoque general sin embargo, fue primero dado por Cristo mismo a los discípulos cuando "les abrió el entendimiento para que comprendieran las Escrituras; y les dijo: «—Así está escrito, y así fue necesario que el Cristo padeciera y resucitara de los muertos al tercer día; y que se predicara en su nombre el arrepentimiento y el perdón de pecados en todas las naciones...»" (Lucas 24:45-47). Esto quiere decir, que Cristo les señaló las grandes *predicciones Mesiánicas* del Antiguo Testamento acerca de Su misma muerte, resurrección y la consiguiente evangelización mundial.

Las Predicciones Mesiánicas Citadas en el Evangelio de Lucas

Es en el libro de Hechos donde Lucas ilustra mejor el enfoque de Cristo hacia la profecía Mesiánica, aún así en su evangelio hay muchos pasajes que lo muestran. Lucas señala que el Antiguo Testamento predijo:

1. El ministerio del precursor del Mesías (Lucas 1:17, ver Mal. 4:5-6)

2. La mención de Su lugar de nacimiento (Lucas 2:11, ver Miqueas 5:2)

3. Su introducción por Juan el Bautista (Lucas 3:4-6, ver Isaías 40:3-5; Lucas 7:27, ver Malaquías 3:1)

4. La auto-proclamación de Cristo en la sinagoga en Nazaret (Lucas 4:18-19, cf. Isa. 61:2)

5. La entrada triunfal (Lucas19:38, ver Salmos 118:26)

6. La purificación del templo (Lucas 19:46; Isaías 56:7; Jeremías 7:11)

7. La piedra angular rechazada (Lucas 20:17, ver Salmos 118:22)

8. El Señor de David (Lucas 20:42, ver Salmos 110:1)

9. El Hijo del Hombre regresando en gloria (Lucas 21:27; Daniel 7:13)

10. Cristo contado con los transgresores (Lucas 22:37; Isaías 53:12)

11. Echando suertes sobre Sus prendas de vestir (Lucas 23:34, ver Salmos 22:18)

La mayoría de estos versículos en el evangelio de Lucas se refieren a la *vida* y *ministerio* del Mesías. En el libro de Hechos, Lucas registra el uso de muchas más predicciones Mesiánicas, la mayoría referente a la *muerte* y *la resurrección* de Cristo y el ministerio del evangelio a los Gentiles, indudablemente ilustrando que Jesús Mismo usó el Antiguo Testamento para enseñar a los discípulos después de Su resurrección (Lucas 24:46-47). En otras palabras Lucas parece estar ilustrando con la predicación apostólica en el libro de Hechos el mismo enfoque Cristo-céntrico que Jesús enseñó a los discípulos en Su aparición después de su resurrección.

Las Predicciones Mesiánicas en el Libro de Hechos

Los Hechos de los Apóstoles registra las predicciones Mesiánicas y los cumplimientos acerca de:

1. El derramamiento del Espíritu Santo (Hechos 2:17-21, de Joel 2:28-32)

2. La resurrección corporal de Cristo (Hechos 2:25-28 [ver 13:35], de Salmos 16:8-11)

3. El Señor de David (Hechos 2:34-35, de Salmos 110:1)

4. Un profeta como Moisés (Hechos 3:22-23 [ver 7:37], de Deuteronomio 18:15, 19)

5. La bendición de la semilla de Abraham (Hechos 3:25, de Génesis 22:18)

6. La piedra angular rechazada (Hechos 4:11, de Salmos 118:22)

7. Reyes y príncipes rechazan al Mesías (Hechos 4:25-26, de Salmos 2:1-2)

8. La oveja llevada al matadero (Hechos 8:32-33, de Isaías 53:7-8)

9. El Hijo engendrado de la muerte (Hechos 13:33, de Salmos 2:7)

10. Las bendiciones seguras de David (Hechos 13:34, de Isaías 55:3)

11. La Luz para los Gentiles (Hechos 13:47, de Isaías 49:6)

12. El tabernáculo de David (Hechos 15:16, de Amós 9:11)

13. La salvación de los gentiles (Hechos 15:17-18, de Amós 9:12)

14. La ceguera mesiánica de los judíos (Hechos 28:26-27, de Isaías 6:9-10).

Pueden agregarse otras predicciones Mesiánicas encontradas en Romanos y Gálatas que hablan acerca de:

1. El descenso y la resurrección de Cristo (Romanos 10:6-7, de Deuteronomio 30:12, 14)

2. Los creyentes no serán avergonzados (Romanos 10:11, de Isaías 28:16)

3. Las bendiciones de quienes predican el evangelio (Romanos 10:15, de Isaías 52:7)

4. La proclamación global del evangelio (Romanos 10:18, ver Salmos 19:4)

5. Provocando celos en los judíos (Romanos 10:19, ver Deuteronomio 32:21)

6. Israel desobediente (Romanos 10:20-21, de Isaías 65:1-2)

7. La ceguera de Israel (Romanos 11:8-10, de Salmos 69:22-23)

8. El libertador de Sion (Romanos 11:26, de Isaías 59:20-21)

9. El pacto del perdón (Romanos 11:27, de Isaías 27:9)

10. Confesando al Señor (Romanos 14:11, de Isaías 45:23)

11. La salvación de los Gentiles (Romanos 15:9-12, 21, de Salmos 18:49; Deuteronomio 32:43; Salmos 117:1; Isaías 11:10; 52:15)

12. La bendición de Abraham (Gálatas 3:8, de Génesis 12:3)

13. La maldición de la cruz (Gálatas 3:13, de Deuteronomio 21:23)

14. La Semilla de Abraham (Gálatas 3:16, de Génesis 13:15; 17:8)

Así pues, Jesús *explicó* que el Antiguo Testamento *contenía* predicciones Mesiánicas acerca de Sí Mismo y los apóstoles *ilustraron* lo que Jesús quiso decir de esto, en particular en el libro de Hechos. Mayor elaboración de este punto es evidente en Romanos y Gálatas, donde Pablo, con quien Lucas se asoció; aplica más pasajes del Antiguo Testamento a Cristo.

Estas listas no agotan las profecías Mesiánicas del Antiguo Testamento, ellas únicamente muestran algunos de los pasajes principales aplicados a la vida, la muerte, la resurrección y la propagación del Mesías. Estos de hecho ilustran el enfoque que Cristo tomó del Antiguo Testamento cuando se apareció ante Sus discípulos después de la resurrección.

Hay que señalar aquí que la afirmación de Jesús de ser el cumplimiento de las profecías del Antiguo Testamento no fue forzado (como Hugh Schonfield afirmó en *The Passover Plot*), como si Él estuviera tratando ya sea deliberada o engañosamente, en hacer los acontecimientos de Su vida concordar con las predicciones acerca del Mesías. De hecho muchas de las profecías Mesiánicas que se cumplieron en la vida de Jesús de Nazaret estaban completamente más allá de Su control humano, tales como (1) el lugar de Su nacimiento (Miqueas 5:2); (2) el tiempo (Daniel 9:25 y siguiente) y la manera de Su nacimiento (Isaías 7:14); Su huida a Egipto (Oseas 11:1); Su niñez en Nazaret (Isaías 11:1, ver Mateo. 2:23); o aún la manera de Su muerte (Salmos 22:16) y que sería traspasado (Zacarías 12:10). Aún en las ocasiones donde Jesús tuvo conciencia de cumplir las profecías del Antiguo Testamento (por ejemplo Mateo 3:15; 5:17; 26:54), no hay evidencia que Él manipuló los acontecimientos para demostrar Sus credenciales Mesiánicas. Al contrario, Jesús cuidadosamente evitó cualquier fanfarria acerca del cumplimiento de profecía o de Su identidad Mesiánica. En Su bautismo no fue Él sino la voz del cielo que lo anunció como el Hijo de Dios (Mateo 3:17). Su transfiguración fue realizada sólo para la audiencia privada de tres de Sus discípulos más cercanos (Mateo 17:1 y siguiente). Cuando los hombres descubrían por sí mismos que Él era el Mesías, Jesús "les mandó que a nadie dijeran lo que habían visto, hasta que el Hijo del hombre hubiera resucitado de los muerto" (Marcos 9:9). En algunas ocasiones Jesús evadió repuestas directas a la clara pregunta referente a si Él era el Mesías o no (Juan 18:33 y siguiente; Mateo.11:4-5). Cuando Jesús declaró directamente que era el Mesías, lo hizo en privado (ver Juan 4:26) o sólo a Sus discípulos (ver Juan 16:28-29). Jesús si afirmó ser el Mesías y el Hijo de Dios, pero Él nunca hizo ninguna pretensión profética y nunca intentó forzar los eventos de Su vida para acomodarla al cumplimiento de la profecía Mesiánica.

CRISTO: EL CUMPLIMIENTO DEL SACERDOCIO LEVÍTICO DEL ANTIGUO TESTAMENTO

El sentido Mesiánico de ninguna manera es el único sentido en el cual Cristo es el tema y el cumplimiento del Antiguo Testamento. Otro punto de vista Cristo-céntrico del Antiguo Testamento fue sugerido por la cita de Jesús en Hebreos 10:5-7 (de Salmos 40:6-8). En este pasaje el énfasis no está en la venida del Mesías o del Rey ungido sino en el Sacerdote perfecto, no en Uno que cumple con la expectativa judía de un Gobernante sino en Uno que hace provisión para ellos como un Mediador. La cita completa dice lo siguiente: "Por lo cual, entrando en el mundo dice: «Sacrificio y ofrenda no quisiste, mas me diste un cuerpo. Holocaustos y expiaciones por el pecado no te agradaron. Entonces dije: 'He aquí, vengo, Dios, para hacer tu voluntad, como en el rollo del libro está escrito de mí.'»" Es evidente en el contexto inmediato aquí, así como también de todo el libro de Hebreos, que Cristo *está escrito en el rollo del libro* del Antiguo Testamento en el sentido que Él cumple con el sacerdocio Levítico y el sistema sacrificial.

Es verdad que el libro de Hebreos añade muchos versículos más al repertorio de profecía Mesiánica como:

"Tu trono, Oh Dios, permanece por los siglos de los siglos" (1:8, de Salmos 45:6)

- "Has amado la justicia" (1:9, de Salmos 45:7)
- "Tu Dios, te ha ungido" (1:9, de Salmos 45:7)
- "Oh, Señor, tú afirmaste la tierra" (1:10-11, de Salmos 102:25-26)
- "¿Qué es el hombre, para que en él pienses?" (2:6-8, de Salmos 8:4-6)
- "Proclamaré tu nombre a mis hermanos" (2:12, de Salmos 22:22)
- "Pondré mi confianza en Él" (2:13, de Isaías 8:17-18).

El Cumplimiento del Sacerdocio Aarónico

Sin embargo, el énfasis principal en Hebreos está en el cumplimiento del sacerdocio Aarónico de Cristo, como se ilustra en la siguiente discusión.

Cristo Perfecciona el Patrón del Sacerdocio del Antiguo Testamento

Una comparación del sacerdocio de Aarón y el de Cristo fácilmente revelarán que ambos siguen el mismo patrón. Pues lo que fue prefigurado en el patrón de Aarón estaba perfeccionado en el sacerdocio de Cristo.

El Patrón	Su Perfección
Lo que Aarón hizo:	Lo que Cristo hizo:
• Entró en el Tabernáculo Terrenal	• Entró en el Templo Celestial (6:19)
• Entró Una Vez al Año	• Entró Una Vez Para Siempre (9:25-26)
• Entró Más Allá del Velo	• Rasgó el Velo (10:20)
• Ofreció Muchos Sacrificios	• Ofreció Un Sacrificio (10:11-12)
• Ofreció por Su Propio Pecado	• Ofreció Sólo Por Nuestro Pecado (7:27)
• Ofreció la Sangre de Toros	• Ofreció Su Propia Sangre (9:12)

Cristo Establece un Nuevo Orden de Sacerdocio

El sacerdocio Levítico fue imperfecto; por consiguiente, apuntaba a lo que era perfecto. Hay por lo menos siete maneras en las cuales el orden Levítico fue transcendido por Cristo. Aunque Él fue un Sacerdote en el *patrón* de Aarón (vea la gráfica adjunta), Cristo fue un Sacerdote en el *orden* de Melquisedec, un orden que fue superior al orden de Aarón. Este nuevo orden reemplazó al sacerdocio Levítico en las siguientes maneras:

La Naturaleza de:	El Orden de Aarón:	El Orden de Melquisedec:
Consagración	Temporal	Eternal (7:21-23)
Sacerdote	Falible	Sin pecado (7:26)
Sacerdocio	Cambiable	Inalterable (7:24)
Ministerio	Continuo	Final (9:12, 26)
Mediación	Imperfecta	Perfecta (2:14-18)
Sacrificio	Insuficiente (para quitar el pecado)	Completamente suficiente (10:11-12)
Intercesión	No prevalece	Prevalece para siempre (7:25)

El orden Levítico fue imperfecto y temporal y así es que prefiguró uno que sería perfecto y eterno. El orden antiguo fue simplemente una sombra de la sustancia encontrada en la obra sacerdotal de Cristo; proporcionó el ritual y la ceremonia y Cristo proveyó la realidad y la eficacia.

Cristo es el cumplimiento de los Tipos o Figuras del Tabernáculo

No sólo el sacerdocio del Antiguo Testamento era una prefiguración de Cristo, sino que el tabernáculo y las ofrendas eran también tipos de Cristo. A Moisés se le dio la orden de construir el tabernáculo según el modelo que le fue revelado en el monte, porque sirvió como "figura y sombra de las cosas celestiales" (Hebreos 8:5). La aplicación del tabernáculo no se da en detalle (ver 9:5) por el escritor de Hebreos, pero el Nuevo Testamento no deja confusión en lo que se refiere a cómo esto puede ser hecho.

Juan nos dice que "El Verbo [Cristo] se hizo carne y habitó ["tabernaculó" o acampó] entre nosotros" y "vimos su gloria" (Juan 1:14). Hebreos nos informa que Jesús abrió un camino nuevo y vivo para el creyente "a través del velo, esto es, de su carne." (10:20). Sobre esta base, ha sido práctica común entre los cristianos el identificar la función del mobiliario del tabernáculo y la persona de Cristo. Tal estudio podría fácilmente ser llevado a extremos fantasiosos, pero uno puede mantenerse dentro de límites seguros si la correlación se conserva dentro de los confines de lo que Cristo y el Nuevo Testamento afirmaron acerca de Él.

Cristo Cumple con los Tipos del Tabernáculo

Tipos del Tabernáculo	Afirmación de Cristo
Puerta Única	Yo Soy la Puerta (Juan 10:9)
Altar de Bronce	Un Rescate por Muchos (Marcos 10:45)
Lavamanos	Si No Te Lavo (Juan 13:8, 10)
Lámparas	Yo Soy la Luz (Juan 8:12)
Pan	Yo Soy el Pan (Juan 6:48)
Incienso	Ruego por Ellos (Juan 17:9)
Velo	Este Es Mi Cuerpo (Mateo 26:26)
Propiciatorio	Yo Doy Mi Vida Por las Ovejas (Juan 10:15)

En el Antiguo Testamento el tabernáculo fue el lugar que dio (1) la identificación a la presencia de Dios la cual en el Nuevo Testamento se convierte en (2) la encarnación de la persona de Dios (Juan 1:14) y juntos, el tipo y su cumplimiento dan (3) una ilustración del plan de salvación de Dios, lo cual consiste en:

- un acercamiento – a través de la puerta
- por la sustitución – en el altar de bronce
- luego, la purificación – en el lavamanos
- con iluminación – de las lámparas
- y el sostenimiento – del pan
- todo por la representación – del sacerdote
- con intercesión – en el altar de incienso
- involucrando la expiación por sangre – en el propiciatorio

Las diversas clases de ofrendas asimismo prefiguran toda la suficiencia del sacrificio de Cristo. Hubo cinco ofrendas básicas en el sistema Levítico: (1) holocausto quemado; (2) comida (cereal); (3) paz; (4) pecado; (5) transgresión (culpa). Las primeras tres (conocidas como ofrendas de olor grato) fueron ofrendas de *dedicación* y las últimas dos (conocidas como ofrendas sin olor) fueron ofrendas de *expiación*. En otras palabras, las primeras tres fueron *ofrendas de aceptación* (a Dios) y las últimas dos, ofrendas de *expiación* (para el hombre). Ahora la vida y los sufrimientos de Cristo fueron aceptables para Dios (cumpliendo con las ofrendas del holocausto quemado, de comida y las de paz), y Su muerte en la cruz hizo una expiación y provisión para el pecado (cumpliendo con las ofrendas del pecado y las de transgresión). (Vea Mateo 3:17; Isaías 53:10-11).

Cristo Cumple con las Ofrendas Levíticas

La Ofrenda	Se Cumplió en Cristo Como:
Holocausto	Perfección de Vida (Hebreos 9:14)
Ofrenda de Comida	Presentación de la Vida (Hebreos 5:7; Juan 4:34) o Dedicación
Ofrenda de Paz	Paz para Nuestra Vida (Hebreos 4:1 y siguiente; Efesios 2:14)
Ofrenda por el Pecado	Penalidad por la Ofensa (Hebreos 10:12; 1 Juan 2:2)
Ofrenda de Transgresión	Provisión para el Delincuente (Hebreos 10:20 y siguiente; 1 Juan 1:7)

El Cumplimiento del Sistema Festivo

Cristo no sólo cumple con las ceremonias Levíticas del Antiguo Testamento sino también con las ceremonias festivas. Los días de fiesta fueron nacionales en su intención y proféticas en sus implicaciones. Hay siete fiestas anuales significativas mencionadas en Levítico 23.

Cristo cumple con las Fiestas Levíticas

La Fiesta (Levítico 23):	El Cumplimiento:
La Pascua (abril)	Muerte de Cristo (1 Corintios 5:7)
Panes Sin Levadura (abril)	El Santo Caminar de Cristo (1 Corintios 5:8)
Primicias (abril)	Resurrección de Cristo (1 Corintios 15:23)
Pentecostés (junio)	Derramamiento del Espíritu de Cristo (Hechos 1:5, 2:4)
Trompetas (septiembre)	La Reunión de Israel por Cristo (Mateo 24:31)
Expiación (septiembre)	Limpieza por Cristo (Romanos 11:26)
Tabernáculos (septiembre)	Descanso y Reunión con Cristo (Zacarías 14:16-18)

Esta interpretación Cristo-céntrica de las fiestas va más allá del libro de Hebreos, pero al parecer no va más allá de las limitaciones del Nuevo Testamento de lo que aparentemente Hebreos 10:5-7 quiere decir cuando afirma que *Cristo es el cumplimiento del sistema Levítico y ceremonial del Antiguo Testamento.*

CRISTO: EL CUMPLIMIENTO DE LOS PRECEPTOS MORALES DEL ANTIGUO TESTAMENTO

Hay aún otro sentido en el cual todo el Antiguo Testamento es acerca de Cristo, y esto está indicado en Mateo 5:17, donde Jesús aparentemente declara ser el cumplimiento de los *preceptos morales* del Antiguo Testamento. "No penséis que he venido a abolir la Ley o los Profetas;" dijo Jesús, "no he venido a abolir, sino a *cumplir*". El sentido en el cual Cristo es el cumplimiento del Antiguo Testamento no es simplemente aquello de lo cual el Antiguo Testamento hizo *predicciones* directas acerca de Cristo, como sucedía a menudo en la profecía Mesiánica. Tampoco es Él el cumplimiento del Antiguo Testamento en el sentido de que Él retrató lo que estaba *prefigurado* en el sistema ceremonial. El sentido de esta interpretación Cristo-céntrica incluye el hecho que Él *perfecciona, llena* o cumple, los *preceptos morales del Antiguo Testamento*.

Es importante observar el contexto en el cual esta afirmación de Jesús se hace. Es en medio de los grandes preceptos morales del Sermón del Monte. Jesús acaba declarar los grandes preceptos morales de las Bienaventuranzas. (Mateo 5:1-11) y está a punto de dar el sentido espiritual interno en el cual el Antiguo Testamento debe ser entendido (5:21-48). Pero justo antes de que Jesús de estas grandes declaraciones morales acerca del Antiguo Testamento, Él le recuerda a la gente que Él no ha venido a abolir sino a cumplir el Antiguo Testamento. Parece bastante obvio que Él quiere decir que Su vida y enseñanza traerán a la fruición y perfección a las enseñanzas morales que el Antiguo Testamento *pronunció* pero lo que el pueblo no podía *realizar*. Jesús está anunciando aquí que lo que en el Antiguo Testamento prescribió moralmente es exactamente lo que Él perfeccionará y cumplirá.

Más tarde, el Apóstol Pablo vio esta verdad y escribió, "Lo que era imposible para la Ley, por cuanto era débil por la carne, Dios, enviando a su Hijo en semejanza de carne de pecado, y a causa del pecado, condenó al pecado en la carne, para que la justicia de la Ley se cumpliera en nosotros, que no andamos conforme a la carne, sino conforme al Espíritu" (Romanos 8:3-4). Es decir, los principios de la ley moral, los cuales eran un reflejo del carácter inalterable de Dios y los cuáles fueron expresados en y exigidos por la ley moral Mosaica, fueron cumplidos perfectamente por Cristo y por tanto por medio de la gracia pueden ser administrados al creyente.

Jesús declaró en Su bautismo que fue Su deseo *"cumplir* toda justicia" (Mateo. 3:15), y luego en Su gran sermón él afirma Su intento para *"cumplir"* la Ley y los Profetas. Ambas declaraciones contienen un mismo sentido en el cuál Cristo es la suma de las Escrituras del Antiguo Testamento, es decir, Él es el cumplimiento o perfección de sus *preceptos morales*.

Dos Claves para el Enfoque Cristo-Céntrico de Mateo

Dos palabras claves en la interpretación Cristo-céntrica de Mateo al Antiguo Testamento son *justicia* (o *justo*) y *cumplir*. *Justicia* o *justo* por ejemplo, son usadas aproximadamente veinticinco veces en el evangelio de Mateo. En contraste, el *justo* y *justicia* sólo se usan diecinueve veces en los otros tres Evangelios combinados. Mateo habla de José como justo (1:19); del sol y de la lluvia sobre los justos (5:45); que Cristo no llama a los que se auto-justifican al arrepentimiento (9:13); de recibir a un hombre por justo y la recompensa de un hombre justo (tres veces, 10:41); de hombres justos (13:17, 43, 48); de tratos justos (20:4, 7); de justicia externa aparente (23:28); de las tumbas de los justos (23:29); de la sangre de los justos (dos veces, 23:35); de los justos en Su venida (25:37, 46); de Cristo Mismo (27:19, 24). La Justicia se refiere a (1) lo que Cristo vino a cumplir (3:15); (2) lo que algunos ansiaban (5:6); (3) por lo que algunos fueron perseguidos (5:10); (4) aquello en lo cual los fariseos deben ser excedidos (5:20); (5) lo que uno debe buscar (6:33); (6) una forma de vida (21:32). De los pasajes anteriores es fácil ver que Jesús llamaba a los hombres a salir de su estado de auto-justificación y de buscar la justicia de Dios, la cual él había venido a cumplir.

Es la palabra *cumplir* la que necesita alguna aclaración. A veces se piensa erróneamente que siempre significa el cumplimiento de una predicción, pero un estudio de su uso en el Nuevo Testamento y particularmente en Mateo, no confirma este supuesto significado en todos los casos. Cumplir puede ser simplemente (1) llenar (ver Juan 15:11; Lucas 2:40); o (2) completar, consumar (ver Juan 7:8, 30); o (3) realizar, efectuar (ver Gálatas 5:14; Romanos 13:8). El tercer significado parece ser el significado de la afirmación de Cristo para cumplir (por ejemplo, para realizarse, efectuarse) el Antiguo Testamento. Es decir, los preceptos morales del Antiguo Testamento están realizados y efectuados por la vida y enseñanza de Cristo.

Ilustración en Citas del Antiguo Testamento

Es significativo señalar a este respecto que hay pasajes definitivos en Mateo en el cual la palabra "cumplir" *no significa la realización de lo que se había predicho anteriormente.* Cumplir se usa en Mateo quince veces refiriéndose a Cristo (1:22; 2:15, 17, 23; 3:15; 4:14; 5:17; 8:17; 12:17; 13:35; 21:4; 26:54, 56; 27:9, 35). De estos pasajes, varios claramente sostienen la tesis de que los pasajes del Antiguo Testamento aplicados a Cristo no fueron del todo verdaderamente proféticos, pero hubo un principio en esos pasajes que fue realizado o perfeccionado en Cristo.

Una lectura de Oseas 11:1 *en contexto* aclara el significado del pasaje cuando Dios dice: "de Egipto llamé a mi hijo" refiriéndose a la liberación de la nación de Egipto en el tiempo del éxodo (Éxodo 4:22). Y sin embargo, este pasaje se aplica también al regreso del niño Jesús de Egipto con estas palabras: "para que se *cumpliera* lo que dijo el Señor" (Mateo. 2:15). Es muy obvio que Oseas 11:1 no estaba prediciendo directamente el regreso de Jesús de Egipto, y sin embargo ese acontecimiento se refiere como cumplimiento de ese versículo del Antiguo Testamento. De hecho, es un cumplimiento de lo que Oseas dijo si consideramos que *cumplimiento* significa realizar el principio básico involucrado en ese pasaje, es decir, la misión Mesiánica de Israel. Porque la razón por la que Dios los llamó de Egipto a la tierra santa fue para producir al santo Niño Jesús, quien los salvaría de sus pecados (comparar Génesis 12:1 con Mateo 1:21). En este sentido la nación Mesiánica sólo cumple con su propósito al realizar la misión Mesiánica, la cual fue producir al Mesías. Oseas aquí no predijo a

Cristo, pero Cristo cumplió lo que Oseas dijo en lo que Él efectuó y realizó en Su vida, en una forma más perfecta de lo que se da a entender por "mi hijo" y "llamado de Egipto".

Se podría objetar que en este sentido amplio la palabra *cumplimiento*, casi cualquier cosa del Antiguo Testamento podría aplicarse a Cristo. Ciertamente, pareciera ser que éste es precisamente el caso. De hecho, esto ilustra perfectamente lo que implica la afirmación de Jesús de que *la totalidad del Antiguo Testamento* se ha "cumplido" en Él (Mateo 5:17). Uno difícilmente sospecharía, por ejemplo, que Jeremías 31:15 significaba algo más que el lamento de Raquel por la cautividad babilónica de sus hijos, pero Mateo dice que esto es "cumplido" en la matanza de los niños inocentes por Herodes (Mateo. 2:18). Tampoco podría uno adivinar *solo* por Isaías 11:1 que cuando se refiere a Cristo como "rama" (*Nezer*), que fuese una predicción del hecho que Él viviría en Nazaret ("la ciudad de arbustos"). (Ver *Commentary on the Holy Scriptures*, Lange, Grand Rapids: Zondervan, s.f., sobre Mateo 2:23) o para otros puntos de vista de este verso (ver Geisler, *The Big Book of Bible Difficulties*, Baker, 2008).

Asimismo, no es evidente en el Salmo 78:2 que Asaf habla del método de enseñanza parabólico de Cristo cuando escribió, como Mateo le cita: "Abriré en parábolas mi boca; declararé cosas escondidas desde la fundación del mundo" (Mateo 13:35), ni que Zacarías (Zacarías 11:12-13, ver Jeremías 32:6, 8) estaba prediciendo la cantidad del dinero de la traición cuando Él se refirió a los sueldos de los comerciantes de ovejas (Mateo 26:15). Pero en todos estos casos hay un *principio* implícito, ya sea Mesiánico o moral, que es realizado o se llega a cumplir en la vida de Cristo. Es en este sentido amplio de la palabra *cumplir* que Jesús se refiere a Sí Mismo como el cumplimiento de la justicia del Antiguo Testamento en Mateo 5:17.

Cristo nacido "bajo la ley" (Gálatas 4:4), explicó en sus enseñanzas su significado verdadero e interno y ejemplificó perfectamente sus principios en Su vida. Jesús señaló que la esencia de la ley es el amor (Mateo 5:43, ver 22:37-40) y el amor fue lo que Él realizó más perfectamente (ver Juan 15:13). Lo que la ley exigió, sólo Cristo proveyó; por lo tanto, todo el Antiguo Testamento fue una *preparación* de la perfección y el cumplimiento que Cristo manifestó en Su vida.

La Enseñanza de Cristo es el Cumplimiento del Antiguo Testamento

La mayor parte de lo que se ha dicho hasta ahora se aplica a la *vida* de Cristo como el cumplimiento o la perfección de los preceptos morales del Antiguo Testamento. Sin embargo, las *enseñanzas* de Cristo deberían ser incluidas en lo que significa Su venida para dar cumplimiento al Antiguo Testamento. Quizás este punto se aprecia mejor en el contexto inmediato de Mateo 5:17, donde Jesús contrasta Su interpretación del Antiguo Testamento con la tradición distorsionada de Su tiempo. "Oísteis que fue dicho a los antiguos… Pero yo os digo" (5:21-22, 27-28, 21-32, 33-34, 38-39, 43-44), repitió Jesús seis veces. En cada uno de estas grandes afirmaciones Cristo separa el *espíritu* de la ley (el cual Él afirmó) de la *letra* de la ley (la cual los judíos enseñaron). Su enseñanza fue al corazón del Antiguo Testamento e hizo salir el corazón del Antiguo Testamento. Los fariseos en contraste, habían obscurecido o destruido el verdadero significado de las Escrituras. Debe señalarse que Jesús se refiere a la mala interpretación de ellos con la frase "oísteis que fue dicho" y no "está escrito". Cuando Cristo dice: "Pero yo os digo" Él reafirma el significado verdadero del Antiguo Testamento. O mejor aún, Cristo esta "sacando" o "llenando" el significado verdadero contenido en el Antiguo Testamento.

Ellos "oyeron" que el *acto* de asesinato estaba mal, pero Jesús enseñó lo que realmente estaba implícito en lo que estaba "escrito" es decir, que aún el *pensamiento de* asesinato (el odio) está mal (Mateo 5:21-22). Nuevamente, ellos "oyeron" que el *acto* de adulterio estaba mal, pero Jesús muestra que la verdadera implicación de este mandato significaba que aún las *intenciones lujuriosas* están mal. Y en el último pasaje, parte de lo que "se dijo" en el pasado ni siquiera está en el Antiguo Testamento, ni qué decir que esté mal interpretado. "Amarás a tu prójimo" ciertamente está allí pero "aborrecerás a tu enemigo" no lo está (5:43). Más bien, "Amad a vuestros enemigos" está definitivamente implícito en el Antiguo Testamento (ver Proverbios 24:17). Esta es la explicación de esas enseñanzas latentes del Antiguo Testamento que se cumplen o que "se llevan a la plenitud" en las enseñanzas de Cristo.

CRISTO: EL CUMPLIMIENTO DE LAS PROMESAS DE SALVACIÓN

Hay un pasaje más, Juan 5:39-40, en el cuál Cristo afirma ser el mensaje de todo el Antiguo Testamento. Él dijo a los judíos, "Escudriñad las Escrituras, porque a vosotros os parece que en ellas [no por medio de ellas] tenéis la vida eterna, y ellas [las Escrituras] son las que dan testimonio de mí; y no queréis venir a mí para que tengáis vida" [la cual supuestamente buscan]. J. B. Phillips traduce esto, "Ustedes se obsesionan con las Escrituras, pues imaginan que encontrarán vida eterna en ellas. ¡Y todo el tiempo ellas dan testimonio de mí! ¡Pero ustedes no están dispuestos a venir a mí para tener vida verdadera!"

El significado explícito de este pasaje debe ser proporcionado desde el contexto. Era una advertencia contra la búsqueda de la vida eterna en las Escrituras como un fin en sí mismo, en lugar de encontrar la vida eterna en Cristo *a través de* las Escrituras. Tal "bibliolatría" (adoración de la Biblia) realmente los alejó de Cristo en vez de conducirlos a Cristo. Conocieron la cáscara de la Biblia pero descuidaron la semilla dentro de ella. No es el Libro que salva, sino el Salvador del Libro. Esta es como una cuarta manera en que Cristo puede ser visto en el Antiguo Testamento, a saber, como *el cumplimiento de las promesas de salvación*. Esto es algo diferente de los tres enfoques Cristo-céntricos. (1) Las predicciones Mesiánicas retratan a Cristo como el Mesías y Rey; (2) el sistema Levítico lo revela como Sacerdote y Sacrificio y (3) los preceptos morales como el gran Profeta y Maestro; pero (4) Cristo como el cumplimiento de las promesas espirituales del Antiguo Testamento lo representa como El Salvador y Señor. En la medida en que el Antiguo Testamento ofrece la esperanza de la salvación y vida eterna, en esa medida habla de Cristo. Aún más, en la medida en que el Antiguo Testamento habla de Cristo, en esa misma medida por lo tanto, ofrece la vida eterna.

El mismo evangelio de Juan es una ilustración de este enfoque Cristo-céntrico del Antiguo Testamento. Cristo es el Dador de la vida y Salvador a través de todas las Escrituras del Antiguo Testamento. Ahora tal afirmación es equivalente a identificarse con Dios, pues en el Antiguo Testamento es sólo Dios quien salva. "Yo, yo soy JEHOVÁ, y fuera de mí no hay quien salve." (Isaías 43:11) Pero Juan escribe de Cristo, "verdaderamente éste es el Salvador del mundo" (Juan 4:42).

Ahora se esperaría que una interpretación tan Cristo-céntrica de las Escrituras judías, que aplica todos los pasajes de salvación a Cristo, despertaría alguna animosidad monoteísta, que es exactamente lo que hizo. Jesús dijo: "El Padre y yo uno somos" entonces "los judíos volvieron a tomar piedras para apedrearlo" lo cual dijeron hacer "por la blasfemia, porque tú, siendo hombre, te haces Dios" (Juan 10:30-31, 33). En una ocasión anterior, Jesús había llamado a Dios Su "Padre," y "Por esto los judíos aun más intentaban matarlo... decía que Dios era su propio Padre, haciéndose igual a Dios." (Juan 5:18). No había duda alguna en la mente de los judíos en cuanto a lo que Jesús quiso decir con Sus afirmaciones. Cuando Él dijo, "De cierto, de cierto os digo: Antes que Abraham fuera, *yo soy*", otra vez ellos "Tomaron entonces piedras para arrojárselas" (Juan 8:58-59). Ellos comprendieron que Él estaba afirmando su deidad, es decir el gran *"YO SOY"* de Éxodo 3:14. Lo mismo se puede decir acerca de otras afirmaciones de Jesús. Ver por ejemplo Juan 12:41 donde Juan después de citar a Isaías 6 sobre la gloria de Dios, dice: "Isaías dijo esto cuando vio su [de Jesús] gloria, y habló acerca de él." La gráfica acompañante ilustra abundantemente que el *Jesús del Nuevo Testamento es el Jehová (Yahweh) del Antiguo Testamento.*

JESÚS ES JEHOVÁ (YAHWEH)

De Jehová	Título Mutuo o Acción	De Jesús
Isaías 40:28	Creador	Juan 1:3
Isaías 45:22; 43:11	Salvador	Juan 4:42
1 Samuel 2:6	Resucita muertos	Juan 5:21
Joel 3:12	Juez	Juan 5:27, ver Mateo 25:31 y siguiente
Isaías 60:19-20	Luz	Juan 8:12
Éxodo 3:14	Yo Soy	Juan 8:58, ver 18:5-6
Salmos 23:1	Pastor	Juan 10:11
Isaías 42:8, ver 48:11	Gloria de Dios	Juan 17:1, 5
Isaías 41:4; 44:6	Primero y Último	Apocalipsis 1:17; 2:8
Oseas 13:14	Redentor	Apocalipsis 5:9
Isaías 62:5 (y Oseas 2:16)	Esposo	Apocalipsis 21:2, ver 25:1 y siguiente

En todos estos pasajes Jesús está tanto afirmando (o siendo proclamado) ser exactamente lo que es reservado sólo para Jehová en el Antiguo Testamento. Tome por ejemplo Isaías 45:22 "¡Mirad a mí y sed salvos, todos los términos de la tierra, porque yo soy Dios, y no hay otro!" y sin embargo Jesús es el Único que *salva* y perdona pecados: "Por eso os dije que moriréis en vuestros pecados; si no creéis que yo soy" dijo Jesús (Juan 8:24). Isaías 42:8 es aún más fuerte: "¡Yo, JEHOVÁ, éste es mi nombre! A ningún otro daré mi gloria," y aún así Jesús *compartió* de esa gloria desde antes de que el mundo fuese (Juan 17:5), y Juan dice que fue la gloria de *Jesús* (Juan 12:41) de la cual Isaías habló.

Aunque este tipo de enfoque Cristo-céntrico hacia el Antiguo Testamento es característico de Juan y Apocalipsis, no es exclusivo de estos libros. En el cuadro adjunto están algunos textos adicionales seleccionados demostrando que Jesús es Jehová, es decir, el Dios del Antiguo Testamento. La última referencia es una declaración muy fuerte de la deidad de Cristo. En Isaías 45 Jehová habla diciendo: "porque yo soy Dios, y no hay otro! Por mí mismo hice juramento,... «Que ante mí se doblará toda rodilla y jurará toda lengua»" (Isaías 45:22-23). Estas exactas mismas palabras son aplicadas a Cristo: "para que en el nombre de Jesús se doble toda rodilla... y toda lengua confiese que Jesucristo es el Señor [*Jehová* de Isaías], para gloria de Dios Padre." (Filipenses 2:10). Jesús es Jehová, y algún día todo el mundo lo confesará.

Jehová (Dios)	Titulo o Acción Mutua	Jesús
Salmos 18:2	Roca	1 Corintios 10:4
Jeremías 31:34	Quien perdona los pecados	Marcos 2:7, 10
Salmos 148:2	Adorado por los Ángeles	Hebreos 1:6
Por todo el A.T.	Se le dirige la oración	Hechos 7:59
Salmos 148:5	Creador de los Ángeles	Colosenses 1:16
Isaías 45:23	Confesado como Señor	Filipenses 2:10

De la misma forma en que se ve a Jesús como el Señor y Salvador del Antiguo Testamento como Juan 5:39 parece sugerir, es la identificación de Jesús como el "ángel del SEÑOR (Jehová)".

El Ángel (Mensajero) del Señor Es el Señor Jesucristo

Referencia al Mensajero del Señor	Actividad o Atributo Común	Referencia a Cristo
Génesis 16:7, 13	Llamado "Señor"	Juan 20:28
Génesis 48:15-16	Llamado "Dios"	Hebreos 1:8
Éxodo 3:2, 5, 6,14	Afirma ser el "Yo Soy"	Juan 8:58
Jueces 13:15, 18	Su Nombre Fue "Maravilloso"	Isaías 9:6
Éxodo 23:20	Enviado de Dios	Juan 5:30; 6:38
Éxodo 14:19	Guía al Pueblo de Dios	Mateo 28:20
Isaías 63:9	Amó y Redimió a los suyos	Efesios 5:25
Josué 5:13-15	Comandante del Ejército del Señor	Apocalipsis 19:11-14

Es importante notar que el "mensajero del SEÑOR" es *identificado* tanto *como el Señor* (Jehová, Yahweh) como en la mayor parte de los pasajes el cuadro; y al mismo tiempo *se distingue del Señor*. En Isaías 63:9 por ejemplo, el ángel es distinguido del Señor como "el ángel de su presencia" (v. 9). En Génesis 24:7 el ángel es "enviado" de Dios, y en Zacarías 1:12 hay una conversación entre el "SEÑOR" y "el ángel del SEÑOR". Está claro que Cristo es este ángel del Señor del Antiguo Testamento por el hecho de que es distinguido de Dios, enviado de Dios, hace la obra de redimir y guiar a Su pueblo los cuales son los ministerios por los que es conocido Cristo en el Nuevo Testamento. Y una vez que Cristo nace, el ángel del Señor ya no aparece.

Conclusión

Se ha sostenido que Cristo es la clave para la *interpretación* del Antiguo Testamento con base en que Jesús afirmó cinco veces que Él era el cumplimiento o mensaje del Antiguo Testamento. Al examinar estos pasajes, se ha concluido que hay cuatro sentidos o formas en las cuales Cristo es el cumplimiento del Antiguo Testamento. Él es el cumplimiento de:

- La profecía Mesiánica del Antiguo Testamento (como se ilustra en Lucas y Hechos)
- El sacerdocio Levítico del Antiguo Testamento (como se ilustra en Hebreos)
- Los preceptos morales del Antiguo Testamento (como se ilustra en Mateo)
- Las promesas de salvación del Antiguo Testamento (como se ilustra en Juan)

Cada uno de estos puntos de vista presenta un aspecto diferente del ministerio de Cristo, respectivamente:

- La profecía mesiánica lo ve como Mesías y Rey
- El sacerdocio levítico, como Sacerdote y Sacrificio
- Los preceptos morales, como Profeta y Maestro
- Las promesas de salvación, como Señor y Salvador

Podemos concluir, entonces, que hay varias interpretaciones legítimas Cristo-céntricas del Antiguo Testamento, pero *no hay enfoques legítimos del Antiguo Testamento que no sean Cristo-céntricos*. Jesús dijo: "porque si creyerais a Moisés, me creeríais a mí, porque de mí escribió él. Pero si no creéis a sus escritos, ¿cómo creeréis a mis palabras?" (Juan 5:46-47).

CAPÍTULO 3 | CRISTO EN AMBOS TESTAMENTOS

PUESTO QUE CRISTO ES EL TEMA DE TODO EL ANTIGUO TESTAMENTO como Él Mismo afirmó cinco veces (Mateo 5:17; Lucas 24:27, 44; Juan 5:39; Hebreos 10:7), entonces la relación entre el Antiguo y el Nuevo Testamento está inseparablemente conectada en la persona de Cristo. La exploración de esta relación es el tema del presente capítulo. Si Cristo es la "vinculación" del libro de las Escrituras, entonces será imposible comprender toda la Biblia sin un conocimiento de la relación de las dos partes básicas. ¿Cómo, entonces, se relacionan los dos Testamentos?

Relación General entre el Antiguo el Nuevo Testamento

La relación general entre los Testamentos es de mutua interdependencia. El Antiguo Testamento está incompleto sin el Nuevo. Lo que el Antiguo Testamento preparó, fue provisto en Cristo en el Nuevo Testamento. Cristo es la anticipación del Antiguo y la realización del Nuevo. Porque lo que se comenzó en el Antiguo Testamento se completó en el Nuevo Testamento, y el hecho de Cristo en el Nuevo Testamento no puede entenderse aparte del fundamento establecido para Él en el Antiguo Testamento. Esta relación de mutua interdependencia se puede delinear como sigue:

Cristo en Ambos Testamentos

En	Anticipación en el Antiguo Testamento	Realización en el Nuevo Testamento
Mateo 5:17	encubierto contenido en el precepto	revelado su perfección explicada
Hebreos 10:7	en sombra en ritual en imagen	en sustancia en realidad en persona
Lucas 24:27, 44 Juan 5:39	como fue anunciado en la profecía en pre-encarnaciones	como cumplimiento en la historia en la encarnación

57

Las relaciones entre los Testamentos pueden generalmente ser divididas en tres clases correspondientes con las amplias formas que Cristo está contenido en el Antiguo Testamento. En cada caso las primeras dos comparaciones enumeradas anteriormente son aparentemente sinónimas, pero dado que tienen una leve diferencia en significado se enumeran por separado a fin de promover la elucidación de la comparación entre los Testamentos.

CRISTO: OCULTO EN EL ANTIGUO Y REVELADO EN EL NUEVO

"El Nuevo Testamento está escondido en el Antiguo y el Antiguo es manifiesto en el Nuevo" dijo Agustín. O como otro ha dicho, el Nuevo está envuelto en el Antiguo y el Antiguo está desplegado en el Nuevo. Ahora, no hay problema en ver a Cristo en el Nuevo Testamento: los Evangelios lo presentan como Profeta a Su pueblo; Hechos y las Epístolas lo revelan como el Sacerdote para Su pueblo, a la diestra de Dios; y el Apocalipsis pronostica que Él será el Rey sobre todo para Su pueblo.

La Razón por la Cual Cristo a Menudo es Pasado por alto en el Antiguo Testamento

Sin embargo en la superficie, no está tan claro que Cristo sea el tema de todo el Antiguo Testamento. De hecho, Cristo está *oculto* en el Antiguo Testamento. Tanto los judíos como los cristianos pueden atestiguar que no es obvio ver a Cristo en las páginas del Antiguo Testamento. Mientras que muchos judíos no encuentran a Cristo en el Antiguo Testamento debido a la ceguera judicial (2 Corintios 3:14-16), muchos cristianos no ven a Cristo en el Antiguo Testamento debido a la ignorancia bíblica. Pablo escribió de la inhabilidad de los judíos para ver a Jesús en sus Escrituras diciendo: "Pero el entendimiento de ellos se embotó, porque hasta el día de hoy, cuando leen el antiguo pacto, les queda el mismo velo sin descorrer, el cual por Cristo es quitado... Pero cuando se conviertan al Señor, el velo será quitado" (2 Corintios 3:14, 16).

Los cristianos tienen sus mentes abiertas a Cristo y no deberían tener el problema de verle escondido en el canon del Antiguo Testamento. A pesar de este hecho, Jesús tuvo que decir a dos de Sus discípulos: "¡Insensatos y tardos de corazón para creer todo lo que los profetas han dicho!... Y comenzando desde Moisés y siguiendo por todos los profetas, *les declaraba en todas* las Escrituras lo que de él decían." (Lucas 24:25, 27). Y más tarde a los otros discípulos: "les abrió el entendimiento para que comprendieran las Escrituras" (Lucas 24:45). Cristo estaba *oculto* en el Antiguo Testamento, pero esto fue luego *revelado* a los discípulos en el Nuevo Testamento.

Contenido en el Antiguo y Explicado en el Nuevo

La verdad de los dos Testamentos se relaciona moralmente, pues el Nuevo Testamento *explica* los preceptos que *contiene* el Antiguo Testamento. Por ejemplo, el Antiguo Testamento había enseñado la permanencia del matrimonio, pero debido a que los hombres lo habían distorsionado, Moisés les había permitido disolverlo (Deuteronomio 24:1-4). Basados en eso, "Entonces se le acercaron los fariseos, tentándolo y diciéndole: —¿Está permitido al hombre repudiar a su mujer por cualquier *causa*?" (Mateo 19:3). Ya que "la concesión" de Moisés había sido mal interpretada como "el mandamiento" de Dios, Jesús reafirmó la enseñanza verdadera del Antiguo Testamento para el matrimonio diciendo: "pero al principio no fue así" (Mateo 19:8). El Antiguo Testamento estaba en contra del divorcio porque Dios había unido al hombre y a la mujer en una unión sagrada (Mateo 19:5). Malaquías cita al Señor diciendo; "Yo aborrezco el divorcio... Así que cuídense en su espíritu, y no sean traicioneros" (2:16). Así que la verdad moral acerca del matrimonio contenido en el Antiguo Testamento pero obscurecida por la tradición, es reafirmada y más plenamente *explicada* por Cristo en el Nuevo Testamento. Cristo reafirmó el ideal de la ley mostrando su significado divinamente diseñado.

Los Preceptos Antiguos son Traídos a la Perfección en el Nuevo

No sólo *reafirmó* Jesús el significado verdadero de la moralidad del Antiguo Testamento, sino que Él *lo trascendió*. Según Jesús la verdadera esencia de la moralidad del Antiguo Testamento es "Amarás al Señor tu Dios con todo tu corazón... Y... Amarás a tu prójimo como a ti mismo." porque "De estos dos mandamientos dependen toda la Ley y los Profetas." (Mateo 22:37, 39-40). Ahora esta verdad ciertamente está contenida en el Antiguo Testamento pero está más plenamente explicada en el Nuevo Testamento. Por ejemplo, toda la segunda tabla de los mandamientos implica que uno debe tener en el corazón el interés del otro (ver Éxodo 20:12-17). Hubo reglas de cómo tratar a los siervos (Éxodo 21), el respeto que debía darse a la propiedad del prójimo (Éxodo 22) y el amor por nuestros enemigos (Éxodo 23 ver Jonás 4:10-11) y aún amar a los marginados (ver Oseas 3:1 y siguiente).

El amor estaba verdaderamente *contenido* en el Antiguo Testamento pero fue más plenamente *explicado* en el Nuevo Testamento. Los judíos del tiempo de Jesús habían obscurecido el significado de este mandato al preguntar: ¿"Y quién es mi prójimo?" (Lucas 10:29). Jesús contestó contando la historia del buen samaritano quien "fue el *prójimo* del que cayó en manos de los ladrones" (10:36). En otras palabras, Jesús señaló que los hombres no deberían intentar evadir amar a otros como a ellos mismos limitando la definición de la palabra *prójimo* y por consiguiente implicando que uno no necesita amar a los que no son sus prójimos.

Pero Jesús no sólo destacó el verdadero significado de la ley en términos del amor, Él también cumplió o perfeccionó el significado de la ley colocando el amor en un nivel aún más alto. La ley decía ama a tu prójimo *como* a ti mismo; Jesús mostró en Su muerte que uno puede amar a otros *más* que a uno mismo. "Nadie tiene mayor amor que éste, que uno ponga su vida por sus amigos" (Juan 15:13). Y "En esto se ha perfeccionado el amor en nosotros... pues como él es, así somos nosotros en este mundo" (1 Juan 4:17). Así es que los *preceptos* de amor del Antiguo Testamento no son sólo reafirmados por Jesús sino que son trascendidos en el amor *perfecto* del Nuevo Testamento.

La ley del Antiguo Testamento tenía castigos conectados a ella y por lo tanto, miedo a las consecuencias de la desobediencia. La idea del amor del Nuevo Testamento eleva la motivación del amor y por consiguiente elimina la necesidad de miedo. "Porque el temor lleva en sí castigo. De donde el que teme, no ha sido perfeccionado en el amor" (1 Juan 4:18). Una vez que Jesús había mostrado por Su enseñanza y *por Su vida y su muerte por los pecadores*, que uno debe amar *más* a otros *que* a uno mismo y no únicamente *tanto como a* uno mismo; el amor fue elevado del nivel de moralidad natural o *recíproca* al nivel sobrenatural de ética sacrificial. Es decir, una vez que el amor fue elevado del nivel de "te amo porque esto es lo que quiero que hagas por *mí*" al nivel más alto de "te amo porque Dios me amó primero," luego el amor puede ser perfeccionado y echar fuera el temor. Pues si uno tiene este "perfecto amor," entonces ya no opera en el nivel de consecuencias recíprocas sino en el plano del límite divino. Como Juan lo dijo: "Amados, si Dios así nos ha amado, también debemos amarnos unos a otros" (1 Juan 4:11) y otra vez, "En esto hemos conocido el amor, en que él puso su vida por nosotros; también nosotros debemos poner nuestras vidas por los hermanos" (1 Juan 3:16).

Así es que el Antiguo y el Nuevo Testamento están inseparablemente conectados en el concepto moral de amor. Pero el precepto de amor recíproco en el Antiguo Testamento está *perfeccionado* en el amor sacrificial que Jesús demostró en el Nuevo Testamento.

CRISTO: DE LAS SOMBRAS DEL ANTIGUO TESTAMENTO A LA SUBSTANCIA DEL NUEVO TESTAMENTO

Hay otro vínculo entre los Testamentos. Se encuentra en la relación entre el *tipo* y el *anti-tipo:* entre las *sombras* de Cristo en el Antiguo Testamento y la *sustancia* de Cristo en el Nuevo Testamento.

Del Presagio al Cumplimiento

Hebreos enfatiza esta conexión entre el sacerdocio Levítico y el de Cristo. Leemos: "La Ley, teniendo la *sombra* de los bienes venideros, no la imagen misma de las *cosas*," (Hebreos 10:1). Es decir, las ceremonias del Antiguo Testamento sólo *prefiguraron* lo que Cristo Mismo cumplió (ver capítulo 2). Es por esto que Hebreos puede presentar la sustancia o realidades verdaderas de Cristo como *mejores que*:

- los ángeles (1:4)
- la esperanza del Antiguo Testamento (7:19)
- el viejo pacto (7:22)
- las promesas anteriores (8:6)
- los sacrificios del Antiguo Testamento (9:23)
- su país terrenal (esperanza y destino) (11:16)
- las viejas posesiones (10:34)
- la resurrección del Antiguo Testamento (11:35)

Y por estas cosas, el escritor de Hebreos dice: "Pero en cuanto a vosotros, amados, estamos persuadidos de cosas mejores, pertenecientes a la salvación" (6:9) porque "Dios tenía reservado *algo mejor* para nosotros, para que no fueran ellos [los creyentes del Antiguo Testamento] perfeccionados aparte de nosotros" (11:40). Así es que la sombra del Antiguo debe dar paso a la sustancia de la realidad perfecta y permanente en Cristo.

Es por esta razón que Hebreos pueden hablar de la temporalidad de:

- El sacerdocio aarónico—que necesitó un "cambio" (7:12)
- Los sacerdotes aarónicos—quienes "sirvieron de copia y sombra de lo divino" (8:5)
- La ley—que también "era necesario que cambiara" (7:12)
- El tabernáculo—el cuál fue sólo una "figura" de lo verdadero (8:5)
- Los sacrificios—que fueron "abolidos" (10:9)
- El viejo pacto—el cuál no estaba "sin defecto" (8:7) y por lo tanto "obsoleto" y "desaparecerá" (8:13)

Y ya que la sombra del viejo pacto fue sólo temporal, la sustancia del nuevo, con el fin de abolir el viejo debe ser *final*. Así es que Hebreos puede hablar de salvación *eterna* (5:9), juicio (6:2), redención (9:12), Espíritu (9:14), herencia (9:15), pacto (13:20). Toda esta permanencia es porque Cristo es el Sumo Sacerdote que cumple con el sistema Levítico, tiene un trono (1:8), sacerdocio (5:6; 7:20), la consagración (7:28) y la gloria (13:21) los cuales duran *para siempre*.

De Ritual a la Realidad

Lo que se ha dicho acerca del sacerdocio, los sacrificios y el templo del Antiguo Testamento también puede decirse de los días de reposo y fiestas. "Todo esto es una *sombra* de las cosas que están por venir; la *realidad* se halla en Cristo" (Colosenses 2:17). Una vez que la *realidad* ha llegado, ya no es necesario el *ritual* que la prefiguraba. En otras palabras, los *tipos* del Antiguo Testamento se cumplen en la *verdad* del Nuevo Testamento.

Ya que una interpretación Cristo-céntrica de las fiestas se discutió en el capítulo anterior, será suficiente decir aquí que Cristo cumple y trasciende el ritual Levítico del Antiguo Testamento como un hombre trasciende su sombra al mediodía. Sólo cuando la luz profética se elevaba las sombras de Cristo se alargaban. Una vez que la luz completa había venido, las sombras desaparecieron. El argumento de Pablo en Colosenses fue para la disolución en Cristo de todas las ceremonias rituales del Antiguo Testamento que separaba a los creyentes. Cristo "...anuló el acta de los decretos que había contra nosotros, que nos era contraria, y la quitó de en medio clavándola en la cruz." (Colosenses 2:14). "¿Por qué," preguntó Pablo, "os sometéis a preceptos tales como: «No uses», «No comas», «No toques»?... pero no tienen valor alguno contra los apetitos de la carne" (Colosenses 2:20-23). El creyente del Nuevo Testamento ha muerto a las demandas de la ley (3:2) y se ha elevado por encima de estos *rituales* a una nueva *realidad* en Cristo y, por consiguiente, debería "buscar las cosas de arriba" (3:1).

Cristo en Ilustraciones y en Persona

Hay muchas ilustraciones apropiadas de Cristo en el Antiguo Testamento que, propiamente dicho, no deberían ser clasificados como tipos. La palabra griega para *tipo* (*typos*), usualmente traducida "ejemplo" (1 Timoteo 4:12) no tiene un significado técnico en el Nuevo Testamento y es usado para Cristo solo una vez (Romanos 5:14), donde Adán se dice es un "tipo o figura" de Cristo. La expresión tipo de Cristo algunas veces es también designado como "copia" (*hypodeigma*) (Hebreos 8:5; 9:23) y algunas veces "símbolo" (*parabole*) (Hebreos 9:9) y aún anti-tipo o "copia" (*antitypos*) (Hebreos 9:24). Estas palabras tienen una amplia variedad de significados incluyendo "la marca de los clavos" (Juan 20:25), "amonestación" (1 Corintios 10:11), o "imágenes" (ídolos) (Hechos 7:43) y por consiguiente el significado de "tipo" no puede ser decidido por su uso en el Nuevo del Testamento. Con base en la regla general de interpretación, parecería que es mejor restringir el significado de *tipo* a las personas, instituciones y ceremonias que fueron prefiguraciones divinamente determinadas en el Antiguo Testamento, de lo que más tarde

Cristo cumpliría. A todo lo demás que se le pueda aplicar apropiadamente a Cristo (ya sea que el Nuevo Testamento lo aplique o no) se le llamaría entonces una *ilustración* de Cristo.

Un tipo no sólo *representaba* a Cristo, sino que era una forma implícita de predicción que Cristo cumpliría con esa función. Tal eran los sacrificios, el templo, el sacerdocio y las fiestas de la vieja administración. Fueron *prefiguraciones* que no fueron permanentes sino que señalaban su perfección en Cristo. Pero además de estos tipos, hay en el Antiguo Testamento muchas *ilustraciones* que son apropiadamente aplicadas a Cristo. El Nuevo Testamento aplica algunas de estas a Cristo y otras no. En la clase anterior están:

- Tres días y tres noches de Jonás en la ballena (Mateo. 12:40)
- Salomón y su sabiduría (Mateo. 12:42)
- La "Roca" en el desierto (1 Corintios 10:4)
- El "maná" del cielo (Juan 6:41)
- La "serpiente" en el desierto (Juan 3:14)

Es difícil trazar una línea bien definida de este lado de la imaginación religiosa con relación a las ilustraciones de Cristo en el Antiguo Testamento que no son aplicados a Él en el Nuevo Testamento. Por otra parte, al igual que con la tipología, parecería demasiado restrictivo limitar "ilustraciones" de Cristo a sólo esas cosas en el Antiguo Testamento que el Nuevo Testamento aplica a Cristo. Sería mejor usar el *principio general* involucrado en la lista anterior, a saber, cualquier cosa que apropiadamente describe algún aspecto significativo de la misión Mesiánica de Cristo y que coincide con alguna metáfora Mesiánica en la Biblia. Los siguientes son algunas *ilustraciones* de Cristo sugeridas en el Antiguo Testamento:

- El arca de seguridad de Noé (Génesis 7; ver 1 Pedro 3:21)
- Isaac, el sacrificio (Génesis 22; ver Juan 3:16, Hebreos 11:19)

- La escalera de Jacob de la tierra hacia el cielo (Génesis 28; ver Juan 1:51; 14:6)
- José, rechazado por sus hermanos (Génesis 37; ver Juan 1:10-11)
- Ciudades de refugio (Deuteronomio 4, 19; ver 1 Pedro 5:7; Mateo 11:28)
- Redentor del pariente (Rut 4; ver Gálatas 3:13)
- Amado, etc. (Cantares; ver Efesios 5:25)

Hay muchas bellas ilustraciones de Cristo en el libro de Cantares, tal como "señalado entre diez mil" (5:10), "oro fino" (5:11), y "todo él es codiciable" (5:16). Sin embargo, la imaginación religiosa añadida a una extrema tipología y alegoría, demasiadas veces ha considerado este cántico, en todos sus detalles; un tipo del amor de Cristo por la iglesia. Sería mejor considerar que este poema de amor como una *ilustración*, en vez de una predicción tipológica de Cristo.

Cualquier estatus que uno dé a estas "ilustraciones" de Cristo en el Antiguo Testamento, ya sea de una predicción tipológica o de una ilustración, debe estar de acuerdo con que la semejanza de la *ilustración* en el Antiguo Testamento está lejos de la realidad de la *persona* en el Nuevo Testamento. El Antiguo Testamento da muchos retratos de Cristo; es una especie de álbum de fotos Mesiánico, pero el Nuevo Testamento presenta al Cristo de los retratos.

CRISTO: PREDICHO EN EL ANTIGUO TESTAMENTO Y CUMPLIDO EN EL NUEVO TESTAMENTO

Hay un tercer sentido en el cual los dos Testamentos se relacionan, esto es lo que está *predicho* acerca de Cristo a lo que *se cumple* en Cristo. Esto por supuesto, es el significado de la profecía Mesiánica. Hubo muchas promesas Mesiánicas desde Génesis (3:15) a Malaquías (4:2), algunas de las cuales ya se han discutido. (capítulo 2).

De La Profecía a la Historia

El Nuevo Testamento se relaciona con el Antiguo de la manera como la historia se relaciona con su profecía. Ahora hubo muchas "predicciones" hechas acerca de Cristo en el Antiguo Testamento, algunas más explícitas que otras. Estas profecías del Antiguo Testamento pueden ser vistas como cumplidas en Cristo por lo menos en tres diferentes formas:

1. Algunas profecías fueron *directamente predictivas* acerca de Cristo y por consiguiente pueden aplicarse correctamente a Él, como lo hace usualmente el Nuevo Testamento.

2. Otras profecías no fueron directamente predictivas acerca de Cristo, pero fueron aplicadas a Él por el Nuevo Testamento porque fueron *Mesiánicas en principio*.

3. Hubo "profecías" que *ni eran predictivas ni se aplicaron a Cristo* por el Nuevo Testamento, pero como "describen" lo que Él logró en la misma manera que los pasajes que fueron Mesiánicos en principio, pueden ser apropiadamente aplicadas a Cristo. Éstas son llamadas "cuadros Mesiánicos" para distinguirlas de "los principios Mesiánicos."

Probablemente hay una cuarta clase de profecía Mesiánica, es decir predictiva pero no aplicada a Cristo por el Nuevo Testamento, porque no tuvieron ocasión para hacerlo. Quizá la "estrella de Jacob" en Números 24:17 es un ejemplo de esta clase.

Cumplimiento de las Predicciones Mesiánicas

Primero, hubo muchos acontecimientos que fueron el cumplimiento de *predicciones* directas acerca de la venida del Mesías o del Salvador. Por ejemplo, se predijo que Cristo sería:

1. Nacido de una mujer (Génesis 3:15)

2. De la línea de Sem (Génesis 9:26)

3. De la semilla de Abraham (Génesis 12:3; 15:5)

4. Y de la semilla de Isaac (Génesis 21:12)

5. Y de la semilla de Jacob (Génesis 26:4)

6. De la tribu de Judá (Génesis 49:10)

7. De la familia de David (2 Samuel 7:12)

8. De los hijos de Salomón (1 Crónicas 28:4-7)

9. Uno nacido de una virgen (Isaías 7:14)

10. En la ciudad de Belén (Miqueas 5:2)

11. Cerca de 483 (años) después del tiempo de Nehemías (444 a.C.; Daniel 9:25)

12. Quien cabalgará como Rey en Jerusalén (Zacarías 9:9)

13. Sufriría y moriría por los pecados de hombres (Isaías 53, ver Salmos 22)

14. Pero resucitaría de entre los muertos (Salmos 2, 16)

Cumplimiento de los Principios Mesiánicos

Otras profecías, no directamente predictivas, fueron legítimamente aplicadas a Cristo por el Nuevo Testamento porque encarnaron una verdad en la vida del profeta o pueblo del Mesías, que por su misión preparatoria en el Antiguo Testamento, sólo podría encontrar su plena realización en la persona del mismo Mesías. No se dice que tales profecías se cumplen en el Nuevo Testamento en el sentido del cumplimiento de una predicción Mesiánica sino en el sentido de la llegada a la perfección de un *principio Mesiánico*.

Ahora no siempre es fácil determinar lo que es predictivo y lo que no porque no hay forma infalible de determinar la diferencia. Una regla sugerida es la siguiente: si el pasaje en su contexto del Antiguo Testamento tenía la intención divina de dar información anticipada sobre la venida de Cristo, entonces es Mesiánico en el sentido predictivo (ya sea que fuese citado por el Nuevo Testamento o no). Por otra parte, si el pasaje en su contexto se refiere primordialmente a lo histórico, personal y/o la situación nacional del profeta y no es dirigido a su futuro; entonces es probablemente sólo Mesiánico en principio.

A menudo habrá "indicadores" proféticos si el pasaje es *predictivo*. Por ejemplo la profecía acerca del Hijo de David quien reinaría en el trono de David en 2 Samuel 7 no fue simplemente una referencia a Salomón el hijo de David, porque David reconoció que el Señor había hablado de su dinastía "en lo *por venir*." (7:19). A menudo también los profetas distinguían el futuro del presente por estas frases: "*Después* de esto" (Joel 2:28); "en *aquellos* días, en aquel tiempo" (Joel 3:1); "En *aquel tiempo*" (Oseas 2:21) "Acontecerá en los *postreros tiempos*" (Miqueas 4:1); "En aquel tiempo" (Zacarías 13:1), etc. Donde los indicativos de que la profecía es predictiva están ausentes, a menudo es (en el mejor de los casos) sólo *Mesiánico en principio*. Los siguientes son algunos ejemplos del cumplimiento del Nuevo Testamento de esta clase de *profecía-principio*.

1. El regreso de Cristo de Egipto (Mateo 2:15, ver Oseas 11:1)

2. Cristo viviendo en Nazaret (Mateo 2:23, ver Isaías 11:1)

3. El método de enseñanza parabólico de Cristo (Mateo 13:34-35, ver Salmos 78:2)

4. La cantidad de dinero de la traición de Cristo
   (Mateo 26:15, ver Zacarías 11:12)

5. El traidor de Cristo comería con él (Juan 13:18, ver Salmos 41:9)

6. Los enemigos de Cristo le odiaron sin causa
   (Juan 15:25, ver Salmos 35:19)

7. Judas se perdería (Juan 17:12, ver Salmos 41:9)

8. Otro reemplazaría a Judas
   (Hechos 1:20, ver Salmos 69:25; 109:8)

Cumplimiento de Cuadros Mesiánicos

Además de los "principios" Mesiánicos los cuáles se aplican a Cristo en el Nuevo Testamento, hay otros pasajes similares que los escritores del Nuevo Testamento no tuvieron ocasionan de usar (aunque legítimamente los pudieron haber usado para Cristo). Estas "ilustraciones Mesiánicas" no fueron proféticas, sino son expresiones apropiadas de lo que el Mesías realmente hizo. Son metáforas tomadas de la vida de la gente de la nación Mesiánica que puede ser más perfectamente aplicada a la persona del Mesías. Por ejemplo, hay una perfección o cumplimiento ilustrado en Cristo en:

- dándole Sus mejillas al castigador (Lamentaciones 3:30, ver Mateo 27:30)
- el sol se oscureció al mediodía (Amós 8:9, ver Mateo 27:45)
- Israel lamentándose por un hijo único (Amós 8:10, ver Lucas 23:28)
- ofreciéndole vinagre a Cristo en la cruz (Salmos 69:21, ver Mateo 27:48)
- la sabiduría personificada (Proverbios 8, ver 1 Corintios 1:30; Colosenses 2:3)

Gran parte de la exageración y la fantasía en el estudio Mesiánico podría reducirse mejor a esta categoría y reconocerse como el cumplimiento o la perfección de "ilustraciones" de Cristo y no realmente predicciones acerca de Él en lo absoluto. Aún así debe haber algunos límites significativos para las metáforas Mesiánicas aplicadas a Cristo. Tal vez la regla debe ser: cualquier pasaje del Antiguo Testamento puede aplicarse apropiadamente a Cristo, a pesar de que los escritores del Nuevo Testamento no lo hayan aplicado, siempre que ejemplifique algo de la vida del pueblo Mesiánico que encuentra una correspondencia real con la verdad acerca de Cristo presentado en alguna parte de la Biblia. O, en otras palabras, si el pasaje y el principio involucrados son similares a los mencionados por los escritores del Nuevo Testamento, entonces puede ser legítimamente atribuido a Él.

Tal vez la dificultad de determinar qué tipo de profecía en un pasaje dado puede ser mejor apreciado si se recuerda que los mismos profetas buscaron en sus propios escritos para encontrar "qué *persona* y qué *tiempo* indicaba el Espíritu de Cristo que estaba en ellos" (1 Pedro 1:11). Es decir, la verdad acerca de Cristo estaba a menudo sólo *implícita* en los escritos proféticos y no se hizo explícita hasta el Nuevo Testamento. Jesús proveyó un ejemplo de esto cuando él citó Isaías 61:1-2 y se detuvo en medio del versículo, declarando a la gente que "Hoy se ha cumplido esta Escritura delante de vosotros" (Lucas 4:21). La siguiente frase, la cual Jesús no leyó dice: "y el día de la venganza de nuestro Dios...". Esta se refiere a *la segunda* venida de Cristo y por eso no la citó como cumplido en Su *primera* venida. El lapso del tiempo entre las dos grandes verdades sobre las venidas de Cristo no fueron claramente revelados en el Antiguo Testamento. Como resultado, gran parte de la verdad profética *envuelta* en el Antiguo Testamento no se *descubrió* hasta el Nuevo Testamento.

De la Pre-encarnación a la Encarnación

Finalmente, hay otra relación entre el Antiguo y el Nuevo Testamento a nivel Mesiánico: en el Antiguo Testamento hubo *pre-encarnaciones* de Cristo y en el Nuevo Testamento está *la encarnación* de Cristo. Las apariciones de Cristo en el Antiguo Testamento (o Cristofanías) ya se han discutido (en el capítulo 2) bajo el tema del "el ángel del SEÑOR". Aquí se señalará brevemente cómo la encarnación de Cristo en el Nuevo Testamento se relaciona con y reemplaza estas apariciones pre-encarnadas en el Antiguo Testamento.

En primer lugar, estas apariciones del Antiguo Testamento fueron sólo *ocasionales* (Génesis 16, 22, 31, 48; Éxodo 3; Josué 5; Jueces 2, 6, 13; 2 Reyes 1, 19), mientras que en el Nuevo Testamento la presencia de Cristo es *continua*. Además, estas pre-encarnaciones de Cristo fueron sólo *temporales*, pero Su encarnación es *permanente*. El ángel del Señor apareció sólo periódicamente antes del nacimiento de Cristo y no aparece después del nacimiento de Cristo. *Un* ángel del Señor (Gabriel) se apareció ante José (Mateo 1:20); *un* ángel del Señor le habló a Felipe (Hechos 8:26) y *un* ángel del Señor soltó a Pedro (Hechos 12:7), pero no *el* ángel del Señor. Además "un ángel del Señor" del Nuevo Testamento a diferencia de "el ángel del SEÑOR" en el Antiguo Testamento, no aceptó adoración a sí mismo (ver Apocalipsis 22:8-9), pero "el ángel del Señor" en el Antiguo Testamento exigió adoración (ver Éxodo 3:5; Josué 5:15).

Pero una vez que Cristo se hizo carne, se convirtió en el Dios-Hombre por siempre. Juan dijo: "Y el Verbo [Cristo] se hizo carne y habitó entre nosotros" (1:14). Hebreos dice: "por cuanto los hijos participaron de carne y sangre, él también [Cristo] participó de lo mismo" (2:14). La resurrección de Cristo de la muerte fue *corporal* (ver Lucas 24:39), como lo fue también Su ascensión al cielo (Hechos 1:9-11). Y en Su presente posición a la diestra de Dios, Cristo aún retiene la unión con Su cuerpo. Colosenses 2:9 dice del Cristo ascendido: "Porque en él habita [tiempo presente] *corporalmente* toda la plenitud de la divinidad". Y según la profecía, Cristo regresará a esta tierra físicamente y reinará por siempre (Hechos 1:11, ver Zacarías 14:4, etc.). Pablo escribió de Cristo: "Él fue manifestado en la *carne*" (1 Timoteo 3:16) y Juan consideró una herejía negar la humanidad de Cristo, diciendo: "todo espíritu que confiesa que Jesucristo ha venido en *carne*, es de Dios; y todo espíritu que no confiesa que Jesucristo ha venido en carne, no es de Dios" (1 Juan 4:2-3).

Debe señalarse que la encarnación de Cristo no fue únicamente una "apariencia" de carne, fue una "manifestación" en carne y hueso. Cristo no tuvo únicamente la "forma" de carne, sino que Él *fue* carne en el mismo sentido que nosotros somos "pero sin pecado" (Hebreos 4:15). Es sólo en este último sentido que la humanidad de Cristo se dice estar "en el *parecido* a los hombres" (Filipenses 2:7). La naturaleza humana de Cristo *difiere* a la nuestra sólo en fue sin pecado, en todo lo demás fue exactamente igual a nosotros (Romanos 8:3).

Ahora esta clase de encarnación trasciende las pre-encarnaciones del Antiguo Testamento no tan sólo en que es continua, permanente y verdaderamente humano sino que es también superior al método de revelación del Antiguo Testamento. En el Antiguo Testamento Dios se reveló a Sí Mismo en las *leyes*, pero en el Nuevo Testamento Él está revelado en la *vida* de Cristo. Jesús declaró: "El que me ha visto a mí ha visto al Padre" (Juan 14:9). Dios se reveló a Sí Mismo en *proposiciones* en el Antiguo Testamento, pero en Cristo la revelación de Dios es en una *Persona*. La revelación del Antiguo Testamento estaba también en *símbolos* (el tabernáculo, los sacrificios, etc.), pero en esos últimos días Él habló a través de Su Hijo (Hebreos 1:1-2).

RESUMEN

Cristo a la vez resume en Él Mismo la perfección de los preceptos del Antiguo Testamento, la esencia de las sombras y tipos del Antiguo Testamento, y el cumplimiento de las profecías del Antiguo Testamento. Esas verdades acerca de Él que brotan en el Antiguo Testamento florecen en el Nuevo Testamento; la linterna de la verdad profética se convierte en el reflector dela revelación divina. Las sombras del Antiguo Testamento encuentran su cumplimiento en el Nuevo Testamento en diferentes formas: (1) Los *preceptos morales* del Antiguo Testamento se cumplen o se perfeccionan en la vida y las enseñanzas de Cristo. (2) Las verdades *ceremoniales* y *típicas* fueron sólo sombras de la sustancia verdadera que se encontrarían en Cristo. (3) Las *profecías Mesiánicas* que se predijeron en el Antiguo Testamento fueron finalmente cumplidas en la historia del Nuevo Testamento. En cada una de estas relaciones puede ser visto que los Testamentos están inseparablemente conectados. El Nuevo no es sólo suplementario al Antiguo sino que es su complemento necesario. Como el libro de Hebreos lo dice: "porque Dios tenía reservado algo mejor para nosotros, para que no fueran ellos [los creyentes del Antiguo Testamento] perfeccionados aparte de nosotros" (Hebreos 11:40). Lo que estaba contenido en el Antiguo Testamento está plenamente explicado solo en el Nuevo Testamento.

CAPÍTULO 4 | CRISTO EN CADA SECCIÓN DE LA BIBLIA

Cristo es también la clave para la *conexión estructural* de la Biblia. Cristo, visto como la conexión estructural entre ambos Testamentos, ya ha sido discutido en el capítulo previo; aquí Cristo se presentará como el tema que une las diversas *secciones* de la Biblia.

UNA ESTRUCTURA CUÁDRUPLE CRISTO-CÉNTRICA DE LAS ESCRITURAS, DOS DIVISIONES DEL ANTIGUO TESTAMENTO

Desde la antigüedad la Biblia fue dividida en secciones básicas. Una de las más comunes de esas divisiones y posiblemente la más antigua, fue una doble división del Antiguo Testamento en la ley y los profetas. La Ley la cual Moisés escribió, fue colocada en una clase por sí misma, y todo lo que vino después de esta fue llamada los Profetas.

La Ley de Moisés.

Por el testimonio de una larga línea de sucesores bíblicos de Moisés, es evidente que Moisés escribió la Ley y que fue colocada en una clase por sí misma.

Primero, debe señalarse que *Moisés* proclamó haber escrito la Ley tal como Dios se la había revelado (ver Éxodo 20:1; 35:1; Números 1:1; 36:13). Él le advirtió al pueblo "No añadiréis a la palabra que yo os mando ni disminuiréis de ella" (Deuteronomio 4:2). Y "Cuando acabó Moisés de escribir las palabras de esta Ley en un libro hasta concluirlo, Moisés dio estas órdenes a los levitas... «Tomad este libro de la Ley y ponedlo al lado del Arca del pacto de JEHOVÁ, vuestro Dios»" (Deuteronomio 31:24-26).

Josué y sus sucesores consideraron que la ley de Moisés era sagrada y divinamente autoritativa: (1) *Josué*, al principio de su ministerio, encargó la ley de Moisés al pueblo (Josué 1:7-8) y las instó hasta el final de sus días "guardar y hacer todo lo que está escrito en el libro de la ley de Moisés" (23:6). (2) En *Jueces* la Ley de Moisés continúa siendo reconocida (3:4) como también en *Rut* (ver 4:1-12). (3) En el tiempo de *1 y 2 Samuel*, la Ley de Moisés es referida como la Ley de JEHOVÁ y de Moisés. (1 Crónicas 16:40; 22:12). (4) *1 y 2 Reyes* continúa el reconocimiento de la Ley de Moisés; (1 Reyes 2:3; 2 Reyes 18:6). (5) En el tiempo de la cautividad babilónica ambos *Jeremías* (8:8; 15:1) y *Daniel* (9:11) se refieren a la Ley de Moisés, y (6) después del exilio el sistema Levítico es restablecido "conforme a lo escrito en el libro de Moisés" (*Esdras 6:18*), y los sacerdotes del tiempo de *Nehemías* leyeron "a oídos del pueblo el libro de Moisés" (Nehemías 13:1). Finalmente *Malaquías*, el último de los profetas del Antiguo Testamento, amonestó al pueblo "Acordaos de la ley de Moisés" (4:4). Uno puede concluir que en todo el Antiguo Testamento los libros de Moisés fueron reconocidos por el pueblo de Dios, puestos en una clase por sí mismos y preservados como la "sagrada" Palabra de Dios.

Los Profetas después de Moisés.

Los libros de Moisés fueron puestos en una categoría única porque él fue el autor común y el gran dador de la ley de Israel. Pero después de Moisés hubo otros "profetas" que también escribieron libros divinamente inspirados.

Josué por ejemplo, escribió sus palabras en un "libro" denominado "la ley de Dios" (Josué 24:26) para que la gente pudiera escuchar "todas las palabras que JEHOVÁ nos ha hablado" a Josué (v. 27). Aunque Josué llamó su libro "la *ley* de Dios," como ciertamente todo el Antiguo Testamento es algunas veces llamado la "Ley" (ver Mateo 5:18; Juan 15:25; Hechos 25:8), no obstante, él empieza una sección del Antiguo Testamento que se distingue de la "Ley de Moisés" y es llamado "los Profetas."

Esta distinción entre "Moisés" y "los Profetas" es hecha aún en el tiempo del Antiguo Testamento. Aún desde el tiempo del cautiverio (siglo sexto a. C.), Daniel se refirió a "la ley de Moisés" (9:11, 13) y "los libros" (9:2), entre los cuales estaba la palabra que "habló Jehová al profeta Jeremías" (9:2). Esto parecería indicar que "Moisés" y los "Profetas" fueron puestos en dos categorías diferentes. En el período después de la cautividad (siglo quinto a. C.) Zacarías se refiere a la gente necia que no quería "oír la *Ley* [de Moisés] ni las palabras que JEHOVÁ de los ejércitos enviaba por su espíritu, por medio de los *primeros profetas.*" (7:12, ver 1:4; 7:7). En Esdras 9:11 la palabra *profetas* se usa para incluir a Moisés (ver Deuteronomio 18:15) y los otros profetas después de él, tal como la palabra *Ley* es usada algunas veces para incluir los escritos de los profetas así como a Moisés. Nehemías (9:26) hace una distinción similar, dice "se rebelaron contra ti, y echaron tu *Ley* tras sus espaldas, mataron a tus *profetas*" (ver 9:30).

Esta misma división doble de "la Ley y los Profetas" continuó entre los Testamentos, por ejemplo en el *Manual de Disciplina* del Rollo del Mar Muerto (I, 3; VIII, 15) y en la literatura religiosa inter-testamentaria (ver 2 Macabeos 15:9).

En el Nuevo Testamento, la división doble de "la Ley y los Profetas" es una de las formas más comunes de referirse al Antiguo Testamento. Ocurre doce veces (ver Mateo 5:17; 7:12; Lucas 24:27). En este último pasaje "la Ley y los Profetas" son definidos como "todas las Escrituras" y en Lucas 16:16, como un todo inspirado por Dios, desde Moisés hasta Juan el Bautista.

Dos Divisiones del Nuevo Testamento

Los Cuatro Evangelios.

Si el Antiguo Testamento es visto como la Ley y los Profetas, de modo similar el Nuevo Testamento puede dividirse entre los Evangelios y las Epístolas, incluyendo a los Hechos y a Apocalipsis en la última categoría.

Naturalmente los cuatro Evangelios van primero en el orden de los libros del Nuevo Testamento porque dan la vida, la enseñanza, la muerte y la resurrección de Cristo; los cuales formaron la base para la iglesia, de lo cual hablan las epístolas más tarde.

Las Epístolas.

El resto del Nuevo Testamento está relacionado con los Evangelios así como los apóstoles estaban relacionados con Cristo. Los Evangelios registran lo que Jesús enseñó y las epístolas registran lo que los apóstoles enseñaron acerca de Él. Entonces en ese respecto, el Antiguo Testamento está dividido entre Moisés y los Profetas y el Nuevo Testamento entre Cristo y los "Apóstoles". Y para desarrollar esta relación se puede señalar que las Epístolas son para los Evangelios lo que los Profetas fueron para la Ley. El último en cada caso es la estructura construida sobre el fundamento del anterior.

Cristo en la División Cuádruple de la Biblia

Ya que se ha encontrado que Cristo es el tema de toda la Biblia (vea los capítulos 2-3), se deduce que Él es el tema de cada parte. De hecho, ya que Cristo es la unidad que hace un todo de las partes de la Escritura; entonces de cualquier forma que se divida la Biblia, uno debe tratar de relacionar las secciones a una estructura Cristo-céntrica. Si se sigue una división cuádruple, entonces Cristo puede verse como el tema que se despliega y que unifica toda la Biblia de la siguiente manera:

Un Tema	Estructura Doble	Estructura Cuádruple
Cristo	Anticipación de Cristo (A. T.)	Ley—Fundamento para Cristo
		Profetas—Expectativa por Cristo
	Realización de Cristo (N. T.)	Evangelios—Manifestación de Cristo
		Epístolas—Interpretación de Cristo

La Ley: El Fundamento para Cristo.

Moisés y su Ley son para el Antiguo Testamento lo que Cristo y Su evangelio son para el Nuevo Testamento, a saber el *fundamento* de todo lo que sigue. De hecho, la Biblia compara a Moisés y a Cristo en varias maneras básicas en este respecto. Primero Juan dice: "porque la Ley fue dada por medio de Moisés, pero la gracia y la verdad vinieron por medio de Jesucristo." (Juan 1:17). Así que como la ley de Moisés fue fundamental para el mensaje de los profetas que le siguieron, así es también la gracia y la verdad del evangelio de Cristo la base del mensaje de los apóstoles.

Además, tanto Moisés como Cristo fueron mediadores de pactos; Moisés el mediador del viejo pacto (o testamento) y Cristo es el Mediador del nuevo pacto (Hebreos 8:6; Gálatas 3:19). Los Israelitas quienes fueron liberados por Moisés, se dice que fueron "bautizados en Moisés" (1 Corintios 10:2); tal como se dice de los cristianos que son "bautizados en Cristo" (Romanos 6:3). Finalmente, ambos compartieron la gloria radiante de Dios (2 Corintios 3:7; Juan 1:14). La posición de Moisés y su Ley en el Antiguo Testamento fue fundamental para lo que siguió en el Antiguo Testamento, así como también lo que Cristo enseñó en el Nuevo Testamento fue esencial para la verdad del resto del Nuevo Testamento.

La Ley de Moisés estableció el fundamento para Cristo en diferentes formas:

- Por medio de la *prefiguración*, la ley de Moisés estableció los tipos y patrones básicos que más tarde se cumplieron en Cristo (vea el capítulo 2).
- Por medio de la *preparación* moral, la Ley de Moisés enseñó a los hombres en los fundamentos de bien y mal hasta que su culpabilidad los condujo a Cristo para perdón (compare Gálatas 3:19-24; Romanos 3:19-22).

- Por medio de la *profecía*, la ley de Moisés registró las primeras y más básicas esperanzas Mesiánicas para el pueblo de Israel (ver Génesis 3:15; 49:10; Deuteronomio 18:15).

Los Profetas: La Expectativa por Cristo.

Ya que la Ley de Moisés había establecido el fundamento para Cristo en estas tres formas básicas, era natural que los que siguieran después de él vieran hacia delante con la *expectativa* del cumplimiento de tales esperanzas. Moisés le había prometido a Israel: "Un profeta como yo te levantará JEHOVÁ, tu Dios, de en medio de ti, de tus hermanos" (Deuteronomio 18:15). Y todos los escritos después de Moisés, de una forma u otra amplificaron esta expectativa.

En Josué la esperanza era grande ya que el pueblo poseyó la tierra que Dios había prometido en preparación para su misión Mesiánica. En Jueces hubo muchos libertadores y salvadores (por ejemplo Gedeón, Barac, Sansón), pero *el* Salvador no apareció. Samuel elevó la esperanza más claramente con el establecimiento de un reino, la unción del Rey David, a través de quien "El ungido" (el Mesías) se les prometió que vendría (2 Samuel 7:12 y siguiente). Al principio de Reyes la expectativa Mesiánica estaba en su nivel más alto, pero pronto fue en declive por la poligamia, la idolatría y la desunión final del gran imperio Salomónico. Mientras el imperio de Israel iba degenerándose, los profetas (Isaías, Jeremías, Ezequiel, Daniel y los Doce) mantuvieron ardiendo el fuego de la expectativa Mesiánica hasta el último capítulo del Antiguo Testamento (Malaquías 4:2). Su expectativa fue acentuada por el regreso de Judá de la cautividad babilónica registrada en Esdras y la reconstrucción nacional relatada en Nehemías. Por supuesto que los poetas de Israel también habían agregado a esta expectativa con sus muchas inspiraciones espirituales y algunas veces aún con predicciones Mesiánicas.

Los Evangelios: La Manifestación de Cristo.

Fue el Profeta Isaías, quien dijo en su expectativa de Cristo que el Mesías sería introducido por una "Voz del que clama en el desierto: «¡Preparad el camino del Señor»" (Mateo 3:3, de Isaías 40:3). Y cuando el Nuevo Testamento inicia, esto es exactamente lo que está haciendo Juan el Bautista. Cuando a Juan se le pregunta por qué él anuncia a Cristo, él contesta: "para que él [Cristo] fuera *manifestado* a Israel" (Juan 1:31). En otras palabras, Aquel para quien Moisés estableció el fundamento y hacia quién los profetas miraron en expectación había venido en una manifestación histórica y personal, En Cristo la anticipación del Antiguo Testamento se convierte en la realización del Nuevo Testamento. La profecía se convierte en historia, cuando el Logos/Verbo (Cristo) entra en el cosmos o mundo (Juan 1:14).

¿Por qué esta manifestación de Cristo en el mundo? El Nuevo Testamento da muchas respuestas importantes a esta pregunta.

1. Pedro dijo Cristo "ha sido *manifestado* en los últimos tiempos... para que vuestra fe y esperanza sean en Dios." (1 Pedro 1:20-21).

2. Juan escribió "Y sabéis que él *apareció* para quitar nuestros pecados" (1 Juan 3:5) y

3. "Para esto *apareció* el Hijo de Dios, para deshacer las obras del diablo." (1 Juan 3:8) o

4. para mostrar que "se *mostró* el amor de Dios para con nosotros:... para que vivamos por él." (1 Juan 4:9).

5. Pablo dice Cristo vino a *manifestar* a Sus santos "el misterio que había estado oculto desde los siglos y edades" (Colosenses 1:26).

6. En otra parte, Pablo escribe de la salvación y el llamado del creyente, lo cual ahora "ha sido *manifestada* por la aparición de nuestro Salvador Jesucristo" (2 Timoteo 1:9-10).

7. Jesús describió el propósito de Su aparición en estas palabras a Su Padre: "He *manifestado* tu nombre a los hombres que del mundo me diste" (Juan 17:6).

Cristo al principio se manifestó al mundo "pero el mundo no lo conoció. A lo suyo vino, pero los suyos no lo recibieron" (Juan 1:10-11). Es por eso que entonces Él se manifestó a Sus discípulos y "a todos los que lo recibieron, a quienes creen en su nombre, les dio potestad de ser hechos hijos de Dios." (Juan 1:12).

Las Epístolas (y Hechos): La Interpretación de Cristo.

El Antiguo Testamento estableció el fundamento para Cristo y lo contempla hacia el futuro con expectación. El Nuevo Testamento presenta la manifestación histórica de Cristo en los Evangelios. En las epístolas, los apóstoles dan la *interpretación* oficial a la aparición de Cristo y su *aplicación* a la vida de los creyentes.

Jesús enseñó a Sus apóstoles por tres años y medio antes de Su muerte y luego por cuarenta días después de Su resurrección (Hechos 1:3), pero Él por sí Mismo no escribió ninguna interpretación de Su misión. Jesús dejó esta tarea a Sus apóstoles con esta promesa: "el Espíritu Santo, a quien el Padre enviará en mi nombre, él os enseñará todas las cosas y os recordará todo lo que yo os he dicho" (Juan 14:26). Las veintidós epístolas del Nuevo Testamento surgieron en cumplimiento de esa promesa. Son el registro de *interpretación* apostólica de la manifestación de Jesucristo en este mundo.

Antes de que los apóstoles registraran su interpretación autoritativa de las enseñanzas, la muerte y la resurrección y ascensión de Cristo; la iglesia primitiva fue guiada por sus ministerios vivientes: (1) La iglesia desde el principio "perseveraban en la doctrina de los apóstoles" (Hechos 2:42), (2) Aún "por la imposición de las manos de los apóstoles se daba el Espíritu Santo" (Hechos 8:18), (3) Los grandes asuntos de la iglesia eran decididos por los pronunciamientos de los apóstoles. (Hechos 15:22), (4) La iglesia era exhortada a "estad firmes y retened la doctrina que habéis aprendido" de los apóstoles (2 Tesalonicenses 2:15) o (5) recordar "del mandamiento del Señor y Salvador, dado por vuestros apóstoles" (2 Pedro 3:2).

Una vez que el ministerio viviente de los apóstoles cesó, la única interpretación autorizada de Cristo fueron los escritos apostólicos del Nuevo Testamento. Aún antes de que el último apóstol (Juan) muriera, hubo una colección creciente de sus escritos, los cuales fueron considerados ser una interpretación autorizada de Cristo por la iglesia. Pedro da cuenta de una colección de las cartas de Pablo, las cuáles él incluyó con las "otras escrituras" (2 Pedro 3:15-16). Las escrituras de Pablo estaban siendo leídas y circulaban entre las iglesias (Colosenses 4:16). Judas, uno de los libros posteriores del Nuevo Testamento (probablemente escrito después de que Pablo y Pedro fueron martirizados), cita la carta del Apóstol Pedro (Judas 17-18). Gradualmente la interpretación viviente fue reemplazada por la *interpretación escrita* del Nuevo Testamento. Esto no quiere decir que el registro escrito ahora fuera "de *interpretación* privada, porque nunca la profecía fue traída por voluntad humana, sino que los santos hombres de Dios hablaron siendo inspirados por el Espíritu Santo" (2 Pedro 1:20-21). Es decir, la interpretación de Cristo por la iluminación del Espíritu de Dios por medio de la Palabra de Dios. Cristo dijo, "las Escrituras... son las que dan testimonio de mí," y "el Espíritu... os guiará a toda la verdad" (Juan 5:39; 16:13).

UNA ESTRUCTURA SÉXTUPLE CRISTO-CÉNTRICA DE LA ESCRITURA

La Base de Una División Séxtuple de la Biblia

El análisis anterior sugiere cómo Cristo puede estar relacionado con las Escrituras cuando están divididos en cuatro secciones. Sin embargo desde tiempos antiguos, los judíos dividieron su Antiguo Testamento en tres partes (más tarde designadas la Ley, los Profetas y los Escritos); y el Nuevo Testamento puede recibir una división triple correspondiente, considerando el libro de Hechos como separado de las epístolas, así produciendo una división séxtuple de la Biblia entera.

Ya en 200 a. C. el Antiguo Testamento Hebreo se dividía a veces en "la ley y los profetas y los otros libros" (Prólogo a Eclesiásticos [Sirac]). No se nos dice cuáles libros estaban adentro de cuál clase, sólo que contenían "muchas grandes enseñanzas" acerca de Israel. Josefo (37-100 d. C.) es más específico en su triple división del Antiguo Testamento. Él dice que hubo cinco libros de Moisés, trece profetas y "cuatro libros conteniendo himnos para Dios." (*Contra Apion* 1, 8).

Sin embargo, el testimonio más primitivo de la triple división hebrea del Antiguo Testamento del día de hoy es el Talmud babilónico, que en su forma actual proviene del siglo quinto b.C. que lista los libros como veinticuatro en estas tres secciones:

I. La Ley — 5

- Génesis — Deuteronomio

II. Los Profetas — 8

- Los profetas anteriores — Josué, Jueces, Samuel, Reyes
- Los profetas posteriores — Isaías, Jeremías, Ezequiel, los Doce (menores)

III. Los Escritos — 11

- Los Poetas — Salmos, Proverbios, Job
- Los Rollos — Cantares de Salomón, Rut, Lamentaciones, Ester, Eclesiastés
- Historia — Daniel, Esdras-Nehemías, Crónicas

La división doble del Antiguo Testamento tuvo sólo la Ley y los Profetas, ya que todo el que haya escrito después de Moisés tuvo que ser "profeta" en el sentido que él fue uno a través de quien Dios habló. En este sentido de la palabra *profeta*, aún David (Hechos 2:30) y Salomón (1 Reyes 4:29; 3:11) fueron profetas. De hecho, todos los escritores del Antiguo Testamento incluyendo a Moisés, fueron llamados profetas (ver Esdras 9:11; 2 Pedro 1:20). Ya que Moisés fue el gran libertador, dador de la ley y profeta; sus libros fueron puestos en una clase aparte, y el resto fueron designados "profetas." No se sabe claramente cuándo o por qué los "Profetas" fueron clasificados como "profetas y otros libros" o "profetas y libros conteniendo himnos a Dios" Se han ofrecido varios puntos de vista:

- Los libros en la tercera clase no fueron considerados igualmente autoritativos como la "Ley y los Profetas" y por ello fueron colocados en una sección separada.
- La última sección fue la última en ser escrita y aceptada en el canon y por consiguiente se coloca al final del Antiguo Testamento.
- Esos libros escritos por hombres que sólo tuvieron un *don* profético pero no el *oficio* profético fueron puestos en la tercera clase por ellos mismos.
- Los libros de la tercera sección fueron colocados allí por circunstancias o razones festivas (para ser usados en conexión con las diversas fiestas).

Generalmente, las primeras dos razones son apoyadas por eruditos liberales y las últimas dos están apoyadas entre eruditos conservadores. Con base en la autoridad de Jesús (ver capítulo 1) la cual es apoyada por Josefo, las primeras dos posiciones son inaceptables. Por ejemplo, el libro de Daniel que está colocado entre "los escritos" no fue escrito tardíamente (segundo siglo a. C.) porque *afirma* ser una predicción de acontecimientos antes de ese tiempo (ver capítulos 2, 7). Jesús dijo que Daniel fue un "profeta" (Mateo. 24:15), y Josefo aparentemente listó a Daniel entre los profetas ya que ciertamente Daniel no es un "himno." Además también hay buena evidencia interna de que Job y muchos de los salmos fueron muy tempranos.

Cristo en la Estructura Séxtuple

Cualquiera que sea la verdadera razón por la cual el Antiguo Testamento tomó una triple división, hay indicación que Jesús Mismo reconoció tal división en una ocasión (Lucas 24:44). Se considera comúnmente que Jesús al hacer referencia a la Ley, los Profetas y los Salmos; verificó la existencia de una triple división del Antiguo Testamento. Siendo que Salmos es el primero y más grande libro de la sección, se supone que representa a toda la sección.

No importa cómo este dividida la Biblia sino cómo se relaciona. Si hay tres secciones, entonces las tres secciones deben estar relacionadas con Cristo. Esto se puede demostrar en el cuadro acompañante.

Estructura Cuádruple	Estructura Séxtuple
Ley—Fundamento para Cristo	Ley—Fundamento para Cristo
Profetas—Expectativa de Cristo	Profetas—Expectativa por Cristo
	Escritos—Aspiración por Cristo
Evangelios—Manifestación de Cristo	Evangelios—Manifestación de Cristo
Epístolas—Interpretación de Cristo	Hechos—Propagación de Cristo
	Epístolas—Interpretación de Cristo

La Aspiración y la Expectativa por Cristo.

Un estudio de la gráfica revelará que la estructura séxtuple se obtiene al subdividir los "Profetas" en los "Profetas" y los "Escritos."

Esta división se presta bien para un enfoque estructural Cristo-céntrico porque separa la poesía y la profecía, la primera enfatizando — como los poetas suelen hacer — la *aspiración*, y la segunda enfatizando — como los profetas deben hacer— la *expectativa* por Cristo. Así como cualquier división, esta es algo artificial ya que hay gran poesía en los profetas (ver Isaías), y algunas grandes profecías en los libros de poesía (ver Salmos 2, 16, 22). Sea como fuere, la triple división del Antiguo Testamento tiene sentido completo en el nivel Cristo-céntrico. De hecho, en conjunto con la Ley presentan una anticipación por Cristo en tres direcciones en el Antiguo Testamento.

En la Ley hay una *vista descendente* al establecer el fundamento para Cristo. Está hacia abajo en cuanto a que la acción dominante proviene de arriba y recae sobre los hombres. Dios escoge a Abraham (Génesis 12), libera a Israel (Éxodo 14), los guía a la Tierra Prometida (Números) y les da las instrucciones para bendición en la tierra (Deuteronomio).

Por otra parte, en los profetas hay una vista hacia *adelante* en la expectativa del Mesías a quién ellos miraron para la preparación y profecía. Los Profetas edificaron sobre el fundamento Mosaico de la Ley una casa de esperanza Mesiánica y desde su techo pudieron contemplar el futuro cumplimiento en Cristo.

La poesía (los Escritos) suma una tercera dirección — la *vista ascendente* en la aspiración por Cristo. Mucho de lo que los poetas escribieron no es directamente aplicable a Cristo, pero bajo la superficie se puede ver el anhelo de mirar hacia arriba, una aspiración para algo más elevado el cual, de hecho fue realizado sólo en Cristo. Job clamó por alguien que pudiera mediar entre Dios y el hombre (Job 9:33); el Nuevo Testamento dice: "pues hay un solo Dios, y un solo mediador entre Dios y los hombres: Jesucristo hombre" (1 Timoteo 2:5). Salomón aspiró por el amor perfecto (Cantares); Jesús lo proveyó (Juan 15:13, ver 1 Juan 4:17-18). El libro de Proverbios aspiró por sabiduría (ver Proverbios 8) y Cristo es la sabiduría de Dios (1 Corintios 1:30, ver Colosenses 2:3).

El "predicador" de Eclesiastés buscó felicidad y satisfacción; Cristo dijo: "Estas cosas os he hablado para que mi gozo esté en vosotros, y vuestro gozo sea completo" (Juan 15:11). Y así continúa a lo largo de los "Escritos"; hay una *aspiración ascendente* hacia Cristo a menudo inconscientemente pero siempre presente y nunca completamente realizado en ningún otro más que en Aquel en quién se deleita mi alma.

La Propagación e Interpretación de Cristo.

El Nuevo Testamento también se presta a una triple división. En tal división la *manifestación* de Cristo se presenta en los Evangelios, la *interpretación* de Cristo en las epístolas y el libro de Hechos considerado por separado registra la *propagación* de Cristo. Esta es una forma natural para dividir el Nuevo Testamento y ha sido practicado desde etapas muy tempranas. (Ver Eusebio, *Historia de la Iglesia*, III, 25). Hechos es una historia de la iglesia apostólica y como tal está naturalmente en una clase diferente de las epístolas, las cuales fueron mensajes a las primeras iglesias (y a individuos).

Jesús limitó la mayor parte de Su ministerio temprano a Su tierra natal y a la gente judía. Él dijo a una mujer cananea, "No soy enviado sino a las ovejas perdidas de la casa de Israel" (Mateo. 15:24). Cuando los griegos preguntaron acerca de Jesús Él contestó: "De cierto, de cierto os digo que si el grano de trigo que cae en la tierra no muere, queda solo, pero si muere, lleva mucho fruto" (Juan 12:24). Con esto Jesús índico que Su ministerio actual tendría que morir pero que el fruto de Su muerte un día seria compartido con los griegos. Esta propagación de Cristo sería cumplirse después de Su resurrección cuando Jesús envió a Sus seguidores diciendo "id y haced discípulos a todas las naciones" (Mateo 28:19). Sus últimas palabras antes de la ascensión fueron: "me seréis testigos en Jerusalén, en toda Judea, en Samaria y hasta lo último de la tierra" (Hechos 1:8).

El libro de Hechos es un registro del cumplimiento de este mandato, es la historia de la propagación de Cristo en todo el mundo. De acuerdo a Su mandato, el mensaje de Cristo salió en Jerusalén (Hechos 2-5), luego en toda Judea, (capítulos 6-7), y luego en Samaria (capítulo 8) y finalmente en todo el mundo. (capítulos 10-28). Mientras que el empuje de Hechos es principalmente histórico, las epístolas en contraste son teológicas. Es decir, la triple división del Nuevo Testamento indica que el Cristo quien se manifestó a los judíos durante Su vida, y en Hechos fue propagado en todo el mundo, es interpretado en las epístolas para los creyentes.

UNA ESTRUCTURA ÓCTUPLE CRISTO-CÉNTRICA DE LAS ESCRITURAS

Cuando el Antiguo Testamento hebreo fue traducido al griego (denominado la Septuaginta o LXX) en Alejandría, Egipto (tercer siglo, a. C. y posterior); aparentemente hubo una reorganización de libros basados en su tema. Asimismo, el Vulgata Latina de Jerónimo (cuarto y quinto siglo d. C.) agrupa los libros según su tema como la *Ley* (Génesis-Deuteronomio), *Historia* (Josué-Nehemías), *Poesía* (Job-Cantar de los Cantares de Salomón) y *Profecía* (Isaías-Malaquías). Este es el orden del Antiguo Testamento Protestante actual. Desde épocas tempranas el Nuevo Testamento ha sido subdividido en las siguientes categorías: los *Cuatro Evangelios, Hechos, Epístolas* y *Apocalipsis*; el cuál estando en la última posición forma una cuarta clase, a saber, la profecía del Nuevo Testamento.

Así que, desde los primeros siglos de la iglesia cristiana hasta el presente, la Biblia entera ha caído naturalmente en esta presente estructura temática óctuple como se muestra en la gráfica anexa.

Por supuesto, la Biblia podría subdividirse en siete secciones en formas diversas. La cosa importante no es cómo está dividida la Biblia sino cómo se relaciona. No importa la estructura, Cristo debe ser el tema. No se estudia aquí la estructura óctuple porque se considere divinamente diseñada sino porque es aceptada comúnmente. Consecuentemente, al igual que con cualquier generalización, algunos de los detalles no encajan perfectamente.

PARALELO CUÁDRUPLE ENTRE EL ANTIGUO Y EL NUEVO TESTAMENTO

Estructura Séxtuple	Estructura Óctuple
Ley—Fundamento para Cristo	Ley—Fundamento para Cristo
Profetas—Expectación por Cristo	Historia—Preparación para Cristo
Escritos—Aspiración por Cristo	Poetas—Aspiración por Cristo
	Profetas—Expectación por Cristo
Evangelios—Manifestación de Cristo	Evangelios—Manifestación de Cristo
Hechos—Propagación de Cristo	Hechos—Propagación de Cristo
Epístolas—Interpretación de Cristo	Epístolas—Interpretación de Cristo
	Apocalipsis—Consumación en Cristo

Esta estructura óctuple de las Escrituras revela algunos paralelos interesantes entre los dos Testamentos. Una vez que los libros de Historia del Antiguo Testamento se colocan en clase aparte, emerge una visión de cuatro direcciones. Estas direcciones o movimientos no deben considerarse como exhaustivas de todos los movimientos espirituales dentro de cada sección sino simplemente sugestivas del movimiento global de la sección.

En la Ley hay una visión *descendente* mientras se establece el fundamento para Cristo, en la Historia hay un movimiento *hacia afuera* mientras la nación judía comienza a hacer preparación para Cristo, en la Poesía hay una visión *ascendente* en la aspiración por Cristo y en la profecía hay una vista *a futuro* en la espera de Cristo en la Ley; Dios actúa sobre Su pueblo para establecer el fundamento para lo que sigue; en la Historia la nación se activa y sale para conquistar la tierra y establecer la dinastía de la cual vendrá Cristo el Rey. Sin estas preparaciones para Cristo, no hubiese ocurrido el cumplimiento de sus aspiraciones y de sus expectativas.

Ahora, la estructura cuádruple del Nuevo Testamento forma un paralelo interesante a este movimiento de cuatro vías en las secciones del Antiguo Testamento:

Antiguo Testamento	Ley	Historia	Poesía	Profecía
Dirección	Descendente	Hacia afuera	Ascendente	A futuro
Nuevo Testamento	Evangelios	Hechos	Epístolas	Apocalipsis

Paralelos entre la Ley y los Evangelios.

Ambos la Ley y los Evangelios tienen un movimiento descendente. En la Ley, Dios baja a morar en el mundo en forma simbólica (los tabernáculos, Cristofanías, etc.); en los Evangelios, Dios mora en el mundo en forma humana (Juan 1:14). En la Ley, el fundamento es establecido a fin de que la nación de Israel pueda construirse sobre ella; en los Evangelios, la piedra angular es colocada para que la iglesia pueda construirse en ella (Efesios 2:20; Mateo 16:16-18). En la ley hay una figura central, Moisés quien instruye al pueblo en la justicia de Dios; en los Evangelios, Cristo la Figura central, enseña a Sus seguidores a buscar la justicia de Dios (Mateo 6:33).

Aunque ambos la Ley y los Evangelios tienen un movimiento descendente, y ambos son básicos para el resto de sus respectivos Testamentos, y ambos tienen como cabeza un maestro principal de justicia; también poseen algunas diferencias básicas. Por supuesto está la obvia diferencia resumida anteriormente en la cual la verdad del Nuevo Testamento trasciende la enseñanza del Antiguo Testamento. Luego está la diferencia inmensurable entre las figuras centrales de cada Testamento, Cristo y Moisés. Hebreos resume esta diferencia con estas palabras: "Moisés a la verdad fue fiel en toda la casa de Dios, como siervo, para testimonio de lo que se iba a decir; pero Cristo, como hijo, sobre su casa" (3:5-6). Ambos hombres permanecieron fieles a la casa de Dios, pero Moisés fue sólo un siervo en casa. Cristo fue un Hijo sobre la casa. Moisés fue vindicado como siervo de Dios cuando la tierra se abrió y se tragó a Sus enemigos (Números 16:32). Cristo fue confirmado como el Hijo de Dios cuando se abrieron los cielos y la voz dijo: "Éste es mi Hijo amado, en quien tengo complacencia; a él oíd" (Mateo. 17:5, ver 3:17). Y aún Moisés estaba allí para escuchar y regocijarse pues él había escrito de Cristo (Juan 5:46).

El paralelo entre la Historia y los Hechos.

La historia en el Antiguo Testamento y los Hechos en el Nuevo Testamento muestran algunos paralelos importantes en lo que se relaciona con Cristo. Primero, ambos tienen una dirección hacia afuera. En Josué los Israelitas avanzan en victoria sobre el mundo, en Hechos las iglesias asimismo iban "trastornado el mundo entero" (Hechos 17:6). Israel tiene sus días obscuros (Jueces) y la iglesia tiene sus propias dificultades (ver Hechos 5:1 y siguiente; 6:1 y siguiente), pero ambos emergen victoriosos—

Israel con la ayuda de sus profetas, sacerdotes y sus reyes justos (ver Samuel-Crónicas) y la iglesia con Cristo quien es su Profeta (Hechos 3:22), Sacerdote (7:55 y siguiente) y Rey (17:7). Entonces también, ambas secciones registran la historia de sus Testamentos y ambos ven al pueblo de Dios avanzar en respuesta al mover de Dios en ellos.

Sin embargo en este respecto, los Hechos del Nuevo Testamento sobrepasa la Historia del Antiguo Testamento en un grado muy alto. Se le dijo a Abram que él se convertiría en una gran nación "serán benditas en ti todas las familias de la tierra" (Génesis 12:3). Esta función, como un canal de bendición Mesiánico a las naciones, no fue aparentemente muy bien realizado por los judíos del Antiguo Testamento. Ocasionalmente se incluyó a una Rut o una Rahab y aún fue enviando un renuente Jonás, pero en términos generales fracasaron en ser el canal de bendición para sus naciones contemporáneas (ver Romanos 11:7, 15, 21). En vez de compartir las bendiciones y las promesas de Dios, las acapararon; en vez de construir puentes para los Gentiles, construyeron una "pared intermedia de separación" (Efesios 2:14). Sin embargo, en Cristo y Su iglesia, esta pared fue "derribada" y el judío y el gentil se convirtieron en un "nuevo hombre" en Cristo (2:15). Así es que la iglesia del Nuevo Testamento se mueve en un círculo más amplio que el que tuvo la nación escogida del Antiguo Testamento, hasta que por fin incluirá a gente de cada nación y lengua. La Historia del Antiguo Testamento apenas salió en preparación para Cristo; la Historia del Nuevo Testamento (Hechos) muestra la iglesia moviéndose hacia adelante en la propagación universal de Cristo.

Paralelo entre la Poesía y las Epístolas.

Tanto en la Poesía como en las Epístolas hay una vista ascendente. Los poetas miraron hacia arriba en aspiración por un Profeta y Rey que pudiera cumplir con los anhelos de sus corazones. Las epístolas del Nuevo Testamento miran hacia arriba a Cristo, su Sumo Sacerdote quien suple las necesidades de sus vidas (ver Hebreos 4:14-16). Además de esto, la Poesía y las Epístolas son interpretaciones de las verdades del fundamentales que les antecedieron. La Poesía no añadió nada a la verdad básica de los grandes actos ni a las palabras de Dios registradas en la ley de Moisés; más bien, fue una interpretación y aplicación de ellas (compare Salmos 44, 89). Por ejemplo, el gran libro poético de Salmos está dividido en cinco secciones modeladas a partir de la quíntuple división de la Ley. La sabiduría de Salomón no es nada más que una interpretación y aplicación de los mandamientos de Moisés.

Paralelamente, las Epístolas son una interpretación de las grandes palabras y acciones de Cristo registradas en los Evangelios. La verdad de los apóstoles se basa toda en la enseñanza de Cristo. Su doctrina está fundada en las acciones y palabras de Cristo. Es verdad que la Poesía y las Epístolas explican lo que Moisés y Cristo implicaron, pero ni los apóstoles del Nuevo Testamento ni los profetas del Antiguo Testamento explican lo que sus precursores no predijeron.

Ambas, Poesía y Epístolas depositan sus esperanzas en alto: La Poesía mirando hacia arriba en aspiración hacia Aquel quien aún no había venido, y las Epístolas mirando hacia arriba a Aquel quién acaba de partir y ahora vive en lo alto para hacer intercesiones por ellos (Hebreos 7:25).

Paralelo entre Profetas y Apocalipsis.

Los profetas del Antiguo Testamento y el libro de Apocalipsis en el Nuevo Testamento sostienen una relación obvia: ambos son proféticos de Cristo. Ambos con visión a futuro esperaban la venida de Cristo: el Antiguo Testamento a Su primera y segunda venida, y el Nuevo Testamento sólo la segunda venida de Cristo (Apocalipsis 1:7; 22:12). Es completamente apropiado que ambos Testamentos terminen con esta misma expectativa, pero hay también unas diferencias esenciales.

En primer lugar, al profeta Daniel del Antiguo Testamento fue dicho, "Anda... pues estas palabras están cerradas y selladas hasta el tiempo del fin" (Daniel 12:9). Por otra parte, a Juan le fue dicho: "No selles las palabras de la profecía de este libro, porque el tiempo está cerca" (Apocalipsis 22:10). Los profetas del Antiguo Testamento esperaban en expectación el día en que Cristo abriera el sello del rollo de profecía. El Apocalipsis en el Nuevo Testamento mira hacia adelante en espera de la consumación de todas las cosas en Cristo, quien está a punto de desatar los sellos de la profecía. Los profetas del Antiguo Testamento lograron algo de la revelación sobre la venida de Cristo; Juan recibió "la revelación de Jesucristo" (Apocalipsis 1:1).

En todo el enigma que rodea la interpretación del libro de Apocalipsis, hay quizá sólo un error realmente fatal—el fracaso de ver que el libro no es un rompecabezas para ser resuelto por un intérprete astuto; es la revelación de Jesucristo. Nos dice que Aquel por quien Moisés estableció el fundamento, Aquel por quien la historia de Israel hizo preparación, a quien los poetas y los profetas esperaron en aspiración y expectativa, y Aquel cuya manifestación está en los Evangelios, la propagación y la interpretación en los Hechos y en las Epístolas; también será la meta final y la consumación de todas las cosas.

CAPÍTULO 5 | CRISTO EN CADA LIBRO DE LA BIBLIA

ESTE CAPÍTULO ES UNA CULMINACIÓN de todo lo que ha precedido. Primero Cristo fue presentado como la clave a la inspiración y a la interpretación de toda la Biblia (capitulo 1). De allí siguió un intento para determinar las formas diversas en las cuales Cristo es el tema del Antiguo Testamento (capítulo 2). Luego Cristo fue presentado como la unión entre los dos Testamentos, relacionándose el uno con el otro como la anticipación está relacionada con la realización (capítulo 3). En el último capítulo (capítulo 4), Cristo estaba relacionado con las diversas formas de dividir la Biblia en secciones. En este capítulo Cristo se presentará como el tema subyacente de cada libro de la Biblia. Por supuesto sería difícil sugerir que Cristo es el tema explícito o dominante de cada libro individual de la Biblia, porque no es evidente que esto sea así. Algunos libros tienen un tema histórico obvio (como Esdras o Ester) o un tema personal (como Filemón) o un tema moral (como con muchos profetas) que sólo una espiritualización injustificada podría malinterpretar como principalmente Cristo-céntrico.

Sin embargo, a la luz de las claras afirmaciones de Jesús—como ha sido explicado en los capítulos anteriores—uno no estaría logrando suficiente a menos que Cristo llegue a ser visto como el tema implícito o subyacente de todas las Escrituras. Algunas veces este tema Cristo-céntrico es el mismo que el tema principal de un libro y otras veces no, pero está siempre presente. Es decir, cada libro individual en las Escrituras contribuye con algunos hilos de verdad al tejido completo. Ya que toda la Biblia habla de Cristo, entonces todas las partes en cierta forma deben contribuir al todo.

LA LEY: EL FUNDAMENTO PARA CRISTO

Siguiendo a la división óctuple de la Biblia de nuestro día, las cuatro secciones del Antiguo Testamento miran a Cristo con anticipación y las cuatro divisiones del Nuevo Testamento presentan a Cristo en su realización. Cristo puede verse en el Antiguo Testamento como anticipación en cuatro formas básicas: (1) La ley estableció el *fundamento* para la venida de Cristo; (2) la Historia hizo *preparación* para ella; (3) la poesía miró hacia arriba en *aspiración* por ella; (4) los profetas miraron hacia el futuro en *la expectativa por* ella.

Ahora los libros de la ley establecieron el fundamento para Cristo cuando registraron la preparación de una nación Mesiánica a través de quien Cristo vendría y sobre quienes Él reinaría como Rey. El plan de Dios fue bendecir a "todas las familias de la tierra" (Génesis 12:3), pero Él escogió una nación a través de la cual él lograría este propósito. Entonces, en el sentido global de la palabra, Cristo es el tema de todo el Antiguo Testamento sólo que indirectamente, por medio de la preparación de la nación que podría producir al Mesías. Por supuesto, Cristo está en el Antiguo Testamento en más formas que solo a través de la preparación en general. Él está allí también por medio de la profecía y las prefiguraciones (figuras, tipos, etc., ver capítulo 2). Aquí sin embargo, la preocupación está primordialmente en la preparación general para Cristo en el Antiguo Testamento, como es visto a través de una estructura cuádruple.

Génesis: La Elección de La Nación

El primer paso en la preparación para Cristo fue la elección de la nación la cual sería el canal a través del cual Cristo vendría. Los capítulos 1-11 de Génesis presentan un perfil breve de la creación (capítulos 1-2) y la corrupción de las *naciones* (capítulos 3-6) con el cataclismo resultante en el diluvio (capítulos 7-9). Después de esto, la maldición divina cayó sobre la civilización cananea en Babel (capítulos 10-11). En los últimos capítulos de Génesis (capítulos 12-50), Dios da un giro de las naciones en general a la *nación escogida* en particular. Esta nación comenzó con Abraham (12-24), continuado en su hijo Isaac (capítulos 25-27) y en el hijo de Isaac, Jacob (capítulos 28-36). Este pueblo fue milagrosamente preservado por José (capítulos 37-50) y, en la providencia de Dios, toda la familia de Jacob descendió a Egipto.

Éxodo: La Redención de La Nación

La voluntad perfecta de Dios era que la nación escogida permaneciera en la tierra prometida y que "No desciendas a Egipto" (Génesis 26:2). Sin embargo, en la voluntad permisiva de Dios, Él dijo a Jacob: "no temas descender a Egipto" (Génesis 46:3), así que en Su voluntad providencial y por un acto redentor, Dios podría decir: "yo lo amé, y de Egipto llamé a mi hijo" (Oseas 11:1). La primera parte de Éxodo registró la *redención* de la nación (capítulos 1-18) y la última parte registró la *revelación* para la nación (capítulos 19-40) en las tablas de la ley (capítulos 19-24), enseñando la obediencia, y en el tabernáculo (capítulos 25-40), enseñando adoración.[7]

Levítico: La Santificación de La Nación

"Santos seréis, porque santo soy yo, **JEHOVÁ**, vuestro Dios" (19:2) es el pensamiento clave a lo largo del libro. En Génesis, Israel fue escogido para justicia; en Éxodo, fueron declarados justos por la redención; y en Levítico, Dios quiso hacerlos justos por medio de la santificación. En Éxodo *fueron* traídos a la unión con Dios; En Levítico fueron guiados a la comunión con Él. Éxodo muestra su perdón y Levítico su pureza o santidad. La primera parte de Levítico revela que la forma para llegar al Santo (capítulos 1-10) es por medio de la oblación (sacrificio) y mediación (sacerdocio). La

---

[7] Muchos de los bosquejos básicos usados aquí son adaptados de W.G. Scroggie, *Know Your Bible* (New York: Revell, 1940).

última parte enseña que el *caminar* en santidad (capítulos 11-27) es por la separación (pureza de cuerpo) y santificación (pureza de alma).

Números: la Dirección a La Nación

Mientras que Levítico instó a la nación a adorar a Dios, Números los llamó a caminar con Dios. Las direcciones del Señor fueran claras (capítulos 1-10), "cruzar y tomar posesión de la tierra". La incredulidad en el Señor fue igualmente evidente (capítulos 11-14). Estaban *descontentos* con la provisión de Dios (capítulos 11-12) y *dudaron de* Sus promesas (capítulos 13-14). Consecuentemente el pueblo recibió *disciplina* del Señor (capítulos 15-36). Vagaron por cuarenta años, murmuraron y fueron contados hasta que la vieja generación murió (capítulos 15-26), y la nueva generación estaba preparada (capítulos 27-36) para entrar en la tierra. Los cadáveres de los desobedientes llenaron el mortuorio de Números, tal como las almas de los obedientes habían llenado el santuario de Levítico.

Deuteronomio: La Instrucción para La Nación

Antes de que la nación elegida pudiera convertirse en una nación victoriosa, tenía que ser una nación instruida. Mientras que Génesis registró la ruina del hombre, Éxodo la redención de Israel, Levítico su religión y Números su rebelión; Deuteronomio le dio las reglas a Israel las cuales fueron necesarias para que ellos entrasen en su reposo en Josué. En estos grandes discursos de despedida de Deuteronomio, Moisés miro en *retrospectiva* a la vida histórica de la nación (capítulos 1-4), en *introspectiva* a su vida legal (capítulos 5-26), y en *prospectiva* a su vida profética (capítulos 27-34).

Estos cinco libros de la ley establecieron el fundamento para Cristo no sólo *nacionalmente*, mientras ellos desplegaban la historia de la nación la cual daría a luz al Mesías, sino también *teológicamente*, en lo referente a que Cristo es el Elector (Génesis), Redentor (Éxodo), Santificador (Levítico), Guía (Números) y Maestro (Deuteronomio).

HISTORIA: LA PREPARACIÓN PARA CRISTO

En la Ley, Dios actuó sobre la nación. En la Historia aquella nación comienza a actuar para Dios. Moisés había sacado a Israel de la *esclavitud*, pero luego Josué los condujo a la *bendición*. Moisés les dio su ley, Josué les dio su tierra. El fundamento fue establecido en la Ley y aquí se hace la preparación para Cristo en la historia de Israel.

Josué: La Posesión de La Nación

Después de la muerte de Moisés, Dios le dijo a Josué: "levántate y pasa este Jordán... hacia la tierra que yo les doy a los hijos de Israel" (Josué 1:2). Inmediatamente *entraron en* la tierra (1:1-5:12), *conquistaron* la tierra (5:13-12:24), *poseyeron* la tierra (capítulos 13-25). "Conquistó, pues, Josué toda la tierra, conforme a todo lo que Jehová había dicho a Moisés, y la entregó a los israelitas como herencia" (11:23).

Jueces: La Opresión de La Nación

El libro de Jueces da un giro de la escena de victoria a la de apostasía. Al principio la nación conquistó a las naciones de la tierra, pero subsecuentemente fue conquistada por estas mismas naciones. Israel se volvió de la fidelidad a la infidelidad. Mientras la nación tuvo un contratiempo temporal en su preparación para Cristo, a la vez manifestó una necesidad más vívida para el Salvador-Estadista. La *razón* por la que los jueces fueron necesarios fue por la apostasía de Israel (1:1–3:8). La *regla* de los jueces fue de una lealtad esporádica (capítulos 3:9 – 16:31), y la *ruina* final de los jueces llegó por la anarquía nacional (capítulos 19-21), cuando "cada cual hacía lo que bien le parecía" (21:25). En total, la nación atravesó siete ciclos, cada uno incluía pecado, servidumbre, suplicación y salvación (ver 2:16 y siguiente).

Rut: La Devoción dentro de La Nación

Una excepción notable para la impureza del tiempo de los jueces es la pureza de Rut. El libro sobresale como un lirio en el trasfondo enlodado de los jueces. Es una historia de devoción en tiempo de declinación, de fidelidad en un tiempo de infidelidad. Rut se convirtió en el ancestro de David (4:22) a través de quien vendría el Mesías.

I Samuel: La Estabilización de La Nación

La condición inestable y la anarquía de los jueces dieron lugar a la estabilidad de la monarquía de Saúl. Fue la judicatura de *Samuel* (capítulos 1-7) que proveyó el vínculo entre los jueces y el reinado de *Saúl* (capítulos 8-15). Pero la gente, con motivos equivocados, habían clamado por un rey (1 Samuel 8:5), y su elección de un rey fue de la tribu equivocada (Benjamín en vez de Judá). Como consecuencia Saúl, el voto popular, tuvo que darle paso a *David*, la elección de Dios (capítulos 16-31). Bajo David recibieron al monarca que Dios quiso (13:14).

2 Samuel: La Expansión de La Nación

Durante los reinados de David (2 Samuel) y Salomón (1 Reyes 1-10), se extendieron las fronteras de Israel y fue construido su templo. La *fama* de David fue mostrada por su reconocimiento en el trono (capítulos 1-10). Sin embargo, su *vergüenza* condujo a su rechazo del trono (capítulos 11-18), pero finalmente el *nombre* de David fue conservado por su restauración al trono (capítulos 19-24). En la Ley el fundamento fue establecido para Cristo, pero aquí en la Historia la preparación fue hecha para Cristo, quien habría de venir como el Hijo de David y reinar en Jerusalén (2 Samuel 7:12 y siguiente).

1 Reyes: El Deterioro de La Nación

En el primer verso de 1 Reyes 11 estas palabras ominosas ocurren: "Pero el rey Salomón amó, a muchas mujeres extranjeras", de esta coyuntura el deterioro del reino se hizo aparente. La monarquía unida de Salomón (capítulos 1-11) dio paso a las monarquías divididas de Israel y Judá (capítulos 12-22). A la muerte de Salomón su capitán Jeroboam se rebeló con las diez tribus del norte denominadas Israel, mientras su hijo Roboam se convirtió en rey sobre las tribus sureñas de Judá y Benjamín las cuales fueron llamadas Judá.

2 Reyes: La Deportación de La Nación

Hubo tres razones básicas por las cuales cayó Israel en manos de los asirios en 722 a.C. y Judá en manos de los babilonios en 586 a.C.

- Religiosamente, hubo idolatría (ver 1 Reyes 11:4; 12:28-29).
- Moralmente, la inmoralidad fue bastante común (1 Reyes 11:1-11; 14:24).
- Políticamente, la desunión había dividido a la nación en dos (1 Reyes 12:16-19).

El registro del declive y la deportación de *Israel* (capítulos 1-17) no contiene ni siquiera un buen rey. En el declive y en la deportación de *Judá* (capítulos 18-25) hay sólo unas pocas excepciones de esta triste imagen de perversa realeza. Pero estas excepciones no podrían permanentemente resistir la ola gigantesca de mal, y aún Judá fue llevada a cautividad por setenta años (2 Reyes 24:2), así como había predicho el profeta Jeremías (25:11).

1 y 2 Crónicas: La Historia de La Nación Se Repite

Los libros de Los Reyes son principalmente historia política, mientras los libros de Las Crónicas son historia religiosa. Los Reyes están escritos desde el punto de vista profético, y Crónicas desde un punto sacerdotal.

Primero de Crónicas es paralelo con 1 y 2 Samuel, y 2 Crónicas es paralelo con 1 y 2 Reyes, aunque Crónicas tratan sólo con Judá.

Ester: La Preservación de La Nación

Pareciera como si el propósito Mesiánico de Dios para la nación estaba perdido con la conquista y la cautividad de Judá por los babilonios, pero esto no fue así. La nación fue deportada pero no destruida. A pesar de los graves peligros en manos de Amán el persa (capítulos 1-4), recibieron una gran liberación a través de Ester (capítulos 5-10). Y a pesar de que el nombre de Dios está ausente en este libro, la mano de Dios es evidente en la preservación de Su pueblo. La preparación para el Mesías continuó por medio de la preservación de la nación Mesiánica (ver 4:14).

Esdras: La Restauración de La Nación

A pesar de que la nación estaba en declive y había sido deportada, no obstante fue protegida por Dios a fin de que el pueblo regresase y fuese restaurado a su tierra. Dios movió el corazón del rey Ciro en 539 a.C. y casi 50,000 judíos regresaron bajo *Zorobabel* (capítulos 1-6). Más tarde en 458 a.C., cerca de 2,000 más regresaron bajo *Esdras* (capítulos 7-10), mientras el pueblo fue repatriado.

Nehemías: La Reconstrucción de La Nación

Con Esdras, Judá reconstruyó su vida religiosa (el templo), pero con Nehemías fue reconstruida su vida política. Esta reconstrucción implicó no sólo la *reconstrucción* de la ciudad (capítulos 1-7), sino que también el *avivamiento* de los ciudadanos (capítulos 8-13). Todo fue restaurado excepto el rey. Pasaron más de cuatrocientos "años silenciosos" antes que "vino el cumplimiento del tiempo" (Gálatas 4:4) para que apareciera Cristo y para que los hombres preguntasen: "¿Dónde está el rey de los judíos que ha nacido?" (Mateo 2:2).

POESÍA: LA ASPIRACIÓN POR CRISTO

La Ley tiene una visión descendente para el fundamento para Cristo, la Historia tiene una visión hacia afuera en preparación para Cristo, pero la poesía tiene una visión ascendente en la aspiración por Cristo. Mientras que la Ley se ocupa de la vida moral de Israel y la Historia revela su vida nacional, los libros poéticos tratan con su vida espiritual o su vida práctica.

Job: Aspiración por la Mediación por Cristo

Job deseó que hubiera alguien que "interceda ante Dios en favor mío" (16:21). Su anhelo era que alguien fuese un mediador "que ponga su mano sobre ambos" Dios y el hombre (9:33). Él preguntó si había algún significado en el sufrimiento, algún propósito para el dolor o algún significado para la miseria humana. Lo que Job no reconoció en la profundidad de su desesperación fue que pase lo que pase *en la escena* (capítulos 3-41) sólo puede ser completamente comprendido a la luz de lo que pasa *detrás del escenario* (capítulos 1-2), donde el acusador de los hermanos los acusa día y noche ante Dios; y en vista de lo que será su recompensa *más allá de la escena* (capítulo 42). Además, lo que Job deseaba sin entender completamente era el Intercesor (1 Juan 2:1) o Sumo Sacerdote que puede "compadecerse de nuestras debilidades" (Hebreos 4:15). Él no se percató que el significado del sufrimiento se encontró en la sustitución del Salvador que soportó "el justo por los injustos, para llevarnos a Dios" (1 Pedro 3:18). En resumen, lo qué Job realmente deseaba era "un solo mediador entre Dios y los hombres: Jesucristo hombre" (1 Timoteo 2:5).

Salmos: Aspiración por la Comunión con Cristo

Mientras que Job debate el "por qué" de la calamidad, los Salmos enfatizan el "cómo" de la piedad. La oración y la alabanza, el lenguaje divino del alma, llenan las páginas de Salmos. Esta comunión con Dios no sólo se relaciona con Su *creación* (Salmos 1-41), sino también con Su *redención* (Salmos 42-72), a Su *santuario* (Salmos 73-89), a Su *providencia* (Salmos 90-106), y de igual manera a Su *ética* (Salmos 107-50). En ocasiones esta aspiración implícita para la comunión con Cristo en los Salmos florece en una comunicación Mesiánica explícita acerca de Cristo (ver Salmo 22). Sin embargo, las aspiraciones de los salmos fructifican hasta que por medio de la humillación, crucifixión, resurrección y la intercesión de Cristo; la vía de acceso es abierta para que los hombres puedan acercarse "confiadamente al trono de la gracia" (Hebreos 4:16).

Proverbios: Aspiración por la Sabiduría en Cristo

Esta sabiduría fue una "prudencia práctica" o una clase de "sentido santificado" que facultó a los creyentes no sólo a captar la verdad en sus mentes, pero a aplicar la verdad a sus vidas. La aspiración en los Proverbios es por sabiduría que se encarne (Proverbios 8), como ciertamente lo hizo cuando "todos los tesoros de la sabiduría y del conocimiento" se convirtieron en carne en Cristo (Colosenses 2:3). Así en los Proverbios la aspiración es por la sabiduría como es reflejada en palabras *a* los sabios (capítulos 1-9), *de* los sabios (10:1-22:16), *para* los sabios (22:17-24:34) y *de* los sabios (capítulos 25-31). Pero lo que los santos del Antiguo Testamento aspiraron en precepto, los santos del Nuevo Testamento tuvieron en persona, como Cristo Mismo "ha sido hecho [para ellos] por Dios sabiduría" (1 Corintios 1:30).

Eclesiastés: Aspiración por Satisfacción en Cristo

Los filósofos siempre han especulado sobre la naturaleza del "máximo bien" (*summum bonum*). Cuando el maestro sabio de Eclesiastés salió en busca de él, lo buscó primero por *experiencia* (capítulos 1-2); probando vino, mujeres y obras. Él descubrió sin embargo, que todo esto fue sólo vanidad y aflicción de espíritu. Luego estudió el asunto *filosóficamente* (capítulos 3-12) por medio de riqueza y de sabiduría, sólo para llegar a la misma conclusión: no hay felicidad "bajo el sol." Aprendió que la felicidad debe encontrarse más allá del sol, en el Hijo, como él escribe: "Teme a Dios y guarda sus mandamientos, porque esto es el todo del hombre" (12:13), diciendo que estas palabras fueron "pronunciadas por un Pastor" (12:11). Así, su aspiración es por el Buen Pastor (Juan 10) y por el máximo bien, que en el Nuevo Testamento se encuentran en el "premio del supremo llamamiento de Dios en Cristo Jesús" (Filipenses 3:14)

Cantar de los Cantares de Salomón: Aspiración por la Unión con Cristo

Literalmente, este cántico habla de la unión marital íntima. Espiritualmente sin embargo, el Cantar de Cantares de Salomón ilustra la relación entre Israel y Jehová, o entre Dios y el individuo. Hay una madurez creciente en la unión de amor que progresa de posesión del Amado (2:16) a ser poseído por el Amado (6:3), a la realización plena de la pasión del Amado para Su prometida (7:10). El cantor aspira a la intimidad compartida en el misterio del amor y unión de Cristo con Su amada esposa (Efesios 5:32).

PROFECÍA: EXPECTATIVA POR CRISTO

El fundamento para Cristo fue establecido firmemente en la Ley, se hizo preparación providencial en la Historia, y su aspiración fue expresada espiritualmente en la Poesía. En los libros de Profecía esta aspiración llegó a realizarse en la expectativa Mesiánica de Cristo. Mientras que la Ley miraba hacia abajo al fundamento, la Historia miraba hacia afuera en preparación, la Poesía miraba hacia arriba en aspiración, los libros proféticos miraban a futuro en expectación. La Ley dio el aspecto moral de la gente, la Historia lo nacional, la Poesía lo espiritual y la Profecía dio el aspecto profético.

Los diecisiete libros proféticos se subdividen en tres clases: Los profetas del pre-exilio (Isaías, Jeremías, Oseas hasta Sofonías) cuyas *admoniciones* fueron pronunciadas antes de la caída final de Jerusalén (586 a.c.); los libros del exilio (Lamentaciones, Ezequiel, Daniel) cuya *anticipación* durante la cautividad de setenta años era para la restauración de su tierra; y los profetas del post-exilio (Hageo, Zacarías, Malaquías), cuyas *exhortaciones* fueron para que el remanente repatriado reconstruyera la nación caída. Todos estos profetas comparten la expectación por Cristo, pero cada uno lo hace en su propia forma.

Isaías

Isaías tuvo muchas expectativas Mesiánicas. Él predijo a Cristo como el Señor "alto y sublime" (6:1), el Hijo de una virgen (7:14), "Dios Fuerte" y el "Príncipe de Paz" (9:6) un "Cordero herido" (capítulo 53), el Ungido (Mesías) del Señor (61:1 y siguiente), pero sobre todo, Cristo es visto como el Siervo sufrido (ver capítulos 53-62).

Jeremías

Jeremías describe a Cristo como "fuente de agua viva" (2:13), el "bálsamo en Galaad" (8:22), el Buen Pastor (23:4), como David el Rey (30:9), "un Renuevo justo" (23:5) y como "JEHOVÁ justicia nuestra" (23:6).

Lamentaciones

Lamentaciones provee cuadros proféticos de Cristo como el Afligido del Señor (1:12), despreciado de Sus enemigos (2:15-16), "objeto de burla" (3:14), golpeado y colmado de afrentas (3:30); pero detrás de todo está Cristo el Profeta llorón (ver Mateo 23:37 y siguiente).

Ezequiel

Ezequiel anticipa a Cristo, el Restaurador de la nación (capítulo 37), el Pastor de las ovejas (34:23), Purificador de la nación (36:24 y siguiente), pero sobre todo Él ve a Cristo como la Gloria de Dios (ver capítulos 1, 43).

Daniel

Daniel predice a Cristo como "del monte se desprendió una piedra sin que la cortara mano alguna" (2:45), "el ungido [Mesías]" (9:26), el "Hijo del hombre" (7:13) y el "Anciano de Días" (7:22).

Oseas

Oseas ve a Cristo como el único Salvador (13:4), el Hijo de Dios (11:1), Él que rescata de la muerte (13:14), pero principalmente como el Amante compasivo (11:4).

Joel

Joel predijo que Cristo derramaría Su Espíritu (2:28), juzgaría a las naciones (3:2, 12) y sería "la esperanza de su pueblo, la fortaleza de los hijos de Israel" (3:16).

Amós

Amós describe a Cristo como "un hijo único" (8:10), el que reconstruirá el "tabernáculo de David" (9:11), y el que es el Plantador de Su pueblo (9:13).

Abdías

Abdías retrata a Cristo como el Señor del reino (v. 21) y el Libertador del remanente santo (v. 17).

Jonás

Jonás describe a Cristo como el Profeta para las naciones (3:4) y el resucitado (1:17, ver Mateo 12:40).

Miqueas

Miqueas predijo a Cristo como el "Dios de Jacob" (4:2), el Juez de las naciones (4:3) y el "gobernante en Israel" (5:2).

Nahúm

Nahúm ve a Cristo como el "Dios celoso" (1:2), el Vengador de Sus adversarios.

Habacuc

Habacuc describió a Cristo como "El Santo" (1:12), quien justifica a los justos por la fe (2:4) y quien un día llenará la tierra "del conocimiento... de JEHOVÁ" (2:14).

Sofonías

Sofonías mira a Cristo como el Señor justo en medio de Israel (3:5), el testigo en contra de las naciones (3:8) y el Rey de Israel, el SEÑOR (3:15).

Hageo

Hageo ve a Cristo como el Restaurador de la gloria del templo (1:7-9), el Destructor de los reinos (2:22) y el "anillo de sellar" para Israel (2:23).

Zacarías

Zacarías está lleno de expectativas Mesiánicas. Él mira a Cristo como el "siervo, el Renuevo" de Dios (3:8), el Rey triunfante (9:9), el Pastor de los condenados (11:7), "al que traspasaron" (12:10), manantial de purificación (13:1), "rey sobre toda la tierra" (14:9) y "el Rey JEHOVÁ de los Ejércitos" (14:17).

Malaquías

Malaquías espera que Cristo regrese a Su templo como "el mensajero del pacto" (3:1), "fuego purificador" (3:2) y como "*el sol de justicia* y en sus alas traerá salvación" (4:2).

Cada profeta tenía su propio conjunto de metáforas Mesiánicas, pero todos compartían la esperanza Mesiánica común. La expectativa de ellos era Cristo para quien Moisés puso los cimientos, para quién la nación había hecho preparación y hacia quién los poetas miraron en aspiración.

LOS EVANGELIOS: LA MANIFESTACIÓN DE CRISTO

La anticipación del Antiguo Testamento es la realización del Nuevo Testamento. El Antiguo Testamento trata con la preparación y expectativa nacional para Cristo; los Evangelios proveyeron la *manifestación* personal del Salvador. Su manifestación como está registrada en los Evangelios es cuádruple. La gráfica acompañante ilustra esta manifestación de Cristo, bajo sus muchas metáforas.

Cristo en los Cuatro Evangelios

Libro	Mateo	Marcos	Lucas	Juan
Tema	Rey (Zacarías 9:9)	Siervo (Isaías 52:13)	Hombre (Zacarías 6:12)	Dios (Isaías 40:10)
Presentado	A los Judíos	A los Romanos	A los Griegos	Al Mundo
Linaje	A Abraham y a David	Ninguno	Adán	Dios
Relacionado	A la Realeza	(Anonimato)	A la Humanidad (Adán)	A la Eternidad
Símbolo	León (Ezequiel 1:10)	Buey	Hombre	Águila
Énfasis	Lo Que Enseñó	Lo Que Obró	Lo Que Buscó	Lo Que Pensó
Provisión	Justicia (3:15)	Servicio (10:45)	Redención (19:10)	Vida (10:10)
Palabra Clave	Soberanía	Ministerio	Humanidad	Deidad
Descrito como	Salvador Prometido	Salvador Poderoso	Salvador Perfecto	Salvador Personal

Mateo: Cristo Es Manifestado como Realeza

Su linaje se remonta a un soberano (el Hijo de David) y a un sacrificio (el Hijo de Abraham) (Mateo 1:1). Cristo es representado por el símbolo del león (Ezequiel 1:10), el rey de bestias. En palabras de Zacarías, se les dijo a los judíos "Mira que tu *rey* vendrá a ti" (9:9).

Marcos: Cristo Es Manifestado en Su Ministerio

Él es el Siervo de Jehová (Isaías 53:11), simbolizado por el buey y presentado a los romanos. Su ascendencia no es rastreada (un siervo no necesita ninguna), pero Su actividad es predominante. Mateo enfatizó lo que Jesús enseñó, pero Marcos enfatizó lo qué Jesús obró (Marcos 10:45), como dijo Isaías, "He aquí mi siervo" (Isaías 52:13).

Lucas: Cristo Es Manifestado en Su Humanidad Perfecta

Aquí la ascendencia de Cristo se remonta al primer hombre, Adán. Lucas no hizo hincapié en lo qué Jesús enseñó (como hizo Mateo) ni en lo que hizo (como lo hizo Marcos), sino en lo que Él buscó. Lucas escribe: "porque el Hijo del hombre vino a buscar y a salvar lo que se había perdido" (19:10). Zacarías declaró el tema de antemano cuando él escribió, "Aquí está el varón" (6:12).

Juan: Cristo Es Manifestado en Su Deidad

Juan escribe, "En el principio era el Verbo, el Verbo estaba con Dios y el Verbo era Dios" y "Y el Verbo se hizo carne y habitó entre nosotros" (Juan 1:1, 14). Él no rastrea la ascendencia de Cristo a la realeza humana (como lo hizo Mateo), ni la deja en el anonimato (como lo hizo Marcos), ni lo traza al origen de la humanidad (como hizo Lucas), sino que él lo traza a la deidad y a la eternidad. En Juan, Cristo es visto como el águila remontándose en los cielos y como en ningún otro evangelio, se manifiesta lo qué Jesús pensó (ver Juan 13-17). En Mateo, Jesús satisface la necesidad del hombre por justicia (ver 3:15); en Marcos, con la necesidad del hombre por Su servicio (10:45); en Lucas, con la necesidad de redención del hombre (19:10); y en Juan, con la necesidad del hombre para vida (10:10).

Así, los cuatro Evangelios registran la manifestación histórica de Cristo, no para un segmento sectario de la sociedad, ni simplemente para un remanente religioso; sino para los judíos, para los griegos y para los romanos; sí, para todo el mundo. Pero Jesús estaba en el mundo y "el mundo no le conoció. A lo suyo vino, pero los suyos no le recibieron" (Juan 1:10, 11). La revelación de Cristo fue para todos, pero la recepción de Cristo fue para los pocos que creyeron (1:12).

HECHOS: LA EVANGELIZACIÓN O LA PROPAGACIÓN DE CRISTO

En Hechos la escena cambia de la manifestación histórica de Cristo a la evangelización mundial de Cristo. Jesús había limitado Su ministerio terrenal principalmente a Israel, pero Él ordenó a Sus discípulos que llevarán el mensaje a las naciones (Mateo 28:19; Hechos 1:8). Ya en Génesis 12, cuando se hizo la preparación para Cristo por medio de la selección de Abraham, el propósito declarado de Dios fue que "todas las familias de la tierra" serían bendecidas. La realización de esa promesa se registra en la propagación del mensaje de Cristo por los apóstoles en los Hechos.

La clave para los Hechos está en el mandato de Cristo a Sus seguidores para ser Sus testigos "en Jerusalén, en toda Judea, en Samaria y hasta lo último de la tierra" (1:8). Como resultado del derramamiento del Espíritu, el mensaje de Cristo entró en Jerusalén (capítulos 1-6); como resultado de la abrumadora persecución, el evangelio entró en toda Judea (capítulo 7) y Samaria (capítulo 8); y como resultado de la conversión de Pablo y la visión misionera, Cristo fue propagado hasta los confines de la tierra (capítulos 9-28, ver Colosenses 1:23).

LAS EPÍSTOLAS: INTERPRETACIÓN Y APLICACIÓN DE CRISTO

Los Evangelios y los Hechos registran la manifestación y evangelización de Cristo en todo el mundo; Las Epístolas Paulinas y las

Epístolas Generales revelan la interpretación y aplicación de Cristo a los creyentes. Esta distinción ayuda a explicar la razón por qué el método de enseñanza por medio de parábolas es predominante en los Evangelios y el método didáctico se utiliza en las epístolas. Jesús usualmente hablaba en parábolas a la multitud a fin de que la verdad todavía no aceptada pudiera ser puesta en términos ya aceptados por ellos. Las Epístolas por otra parte hablan en términos directos a los discípulos, que ya habían aceptado la verdad pero necesitaban una interpretación más profunda sobre ella. De modo que el método parabólico era más adecuado para la evangelización y la ilustración de la verdad, y el método didáctico conduce más fácilmente a la interpretación y aplicación de la verdad. Es esta última forma la que se usa en las Epístolas.

EPÍSTOLAS PAULINAS: EXPOSICIÓN DE CRISTO

El énfasis principal en las epístolas de Pablo es la exposición o interpretación de Cristo a los creyentes, lo cual necesariamente implicaba también aplicación. En las Epístolas Generales, el énfasis principal está en la exhortación a las cosas de Cristo o, en otras palabras, la aplicación de Cristo a los creyentes, lo que necesariamente implicaba también alguna interpretación.

Pablo siempre coloca la llave en la "puerta delantera" de sus epístolas, pues sus temas son generalmente indicados como esas "posesiones" que el creyente dice tener "en Cristo." Usualmente esta frase ocurre en el primer capítulo de la epístola, y a menudo es la primera referencia a "en Cristo" la cual provee el tema de la epístola. Este método está visto claramente desde Romanos a 2 Tesalonicenses.

Romanos: Redención en Cristo

Este libro es la gran exposición de *"la redención* que es en Cristo Jesús" (3:24) que ahora posee el creyente. Es una declaración de la justicia de Dios (1:17), adjudicada a los hombres a través de la fe en Jesucristo (ver 4:5).

1 Corintios: La Santificación en Cristo

El libro es dirigido a "a los *santificados* en Cristo Jesús, llamados a ser santos" (1:2). Mientras que Romanos reveló cómo Dios podría *declarar* a un hombre justo (ver Romanos 3:21-26), 1 Corintios de igual manera muestra lo que se necesita para *hacer a* un hombre justo. Lo primero es el acto de justificación y lo segundo es el proceso de santificación.

2 Corintios: Júbilo en Cristo

Para aquellos como Pablo, quienes tratan de vivir la vida de santificación que necesariamente implicará peligros y persecuciones (2 Timoteo 3:12, ver 2 Corintios 11:23 y siguiente), habrá una expresión de *júbilo* (triunfo) en Cristo. "Pero gracias a Dios, que nos lleva siempre en triunfo *en Cristo Jesús...*" (2:14). El creyente tiene triunfante victoria en su ministerio (ver 1 Corintios 4).

Gálatas: Emancipación en Cristo

Gálatas fue escrito como una advertencia acerca de aquellos que "se habían introducido entre nosotros a escondidas, para espiar nuestra *libertad* —la que tenemos en Cristo Jesús—, para reducirnos a esclavitud" (2:4). Es la afirmación de emancipación de los cristianos. Pablo insta a los creyentes: "Estad, pues, firmes en la *libertad* con que Cristo nos hizo libres y no estéis otra vez sujetos al yugo de esclavitud." (5:1).

Efesios: Exaltación e Unificación en Cristo

Esta carta es dirigida a todos los bendecidos: "con toda bendición espiritual en los *lugares celestiales* en Cristo" (1:3). Sin embargo, hay varios temas convergentes "en Cristo." El creyente tiene esta exaltación en Cristo sólo porque tiene elección en Cristo (1:4), el resultado del cual es la unión o *la unificación* en Cristo (1:10). La mayor parte de la epístola parece girar alrededor de este último punto de la unidad, (ver 2:14; 4:3 y siguiente).

Filipenses: La Exultación (Gozo) en Cristo

De acuerdo a esta carta, el deseo de Pablo para los creyentes: "que abunde vuestra *gloria* [exultación] de mí en Cristo Jesús" (1:26). A pesar de que el apóstol estaba encarcelado, él dijo: "me gozo y *regocijo* con todos vosotros. Asimismo gozaos y *regocijaos* también vosotros conmigo." (2:17-18; ver 1:18). "*Regocijaos* en el Señor siempre. Otra vez digo ¡*Regocijaos*!" (4:4) y, "Por lo demás, hermanos, *gozaos* en el Señor" (3:1); todos estos forman parte del continuo *júbilo* de Pablo en Cristo Jesús.

Colosenses: Completación en Cristo

En este libro Pablo esta "amonestando a todo hombre y enseñando a todo hombre en toda sabiduría, a fin de presentar *perfecto* [completo, maduro] en *Cristo Jesús* a todo hombre" (1:28). Se les advierte en contra de cualquier filosofía que negara la *"plenitud"* de la deidad de Cristo (2:9) a fin de que ellos puedan estar *"completos* en él" (2:10). Pablo ora que "estéis firmes, *perfectos* y *completos* en todo lo que Dios quiere" (4:12). Nada se puede agregar a la deidad de Cristo o a Su ministerio, y somos completos en Él.

1 Tesalonicenses: Expectativa en Cristo

El apóstol empieza su carta agradeciendo a Dios por los tesalonisenses por "la obra de vuestra fe, del trabajo de vuestro amor y de vuestra constancia en la *esperanza en nuestro Señor Jesucristo"* (1:3). El énfasis está en lo último, ya que se menciona la venida de Cristo en cada capítulo (1:10; 2:19; 3:13; 4:16; 5:23). Ahora ya que "esperanza" en el Nuevo Testamento quiere decir tener confianza en lo por venir (Hebreos 6:11) y no un mero deseo o un anhelo, entonces lo que Pablo expresa aquí es expectación por Cristo.

2 Tesalonicenses: Glorificación en Cristo

Cuando la expectativa de Cristo se ha convertido en una realización de Su venida, entonces, dice Pablo a los Tesalonicenses: "el nombre de nuestro Señor Jesucristo será *glorificado* en vosotros y vosotros *[glorificados] en él"* (1:12). Los santos serán glorificados en Él "cuando venga… para ser *glorificado* en sus santos" (1:10).

1 Timoteo: Fidelidad en Cristo

A Timoteo se le recuerda de "la fe y el amor que es en Cristo Jesús" (1:14) y de mantener "la *fe* y buena conciencia" (1:19). Pablo dijo que él agradeció a Dios "porque teniéndome por *fiel*, me puso en el ministerio" (1:12). A Timoteo se le instó "Pelea la buena batalla de la *fe"* (6:12) y también de mantener "el misterio de la *fe"* (3:9). Fue un día de apostasía (4:1 y siguiente), que exigía fidelidad en los siervos de Cristo (ver 3:11).

2 Timoteo: Sanos en Cristo

En 2 Timoteo se le insta a mantenerse *sano* en Cristo. "Retén la forma de las *sanas palabras* que de mí oíste, en la fe y amor que es en Cristo Jesús" (1:13). "vendrá tiempo cuando no soportarán la *sana* doctrina" (4:3).

Tito: Firmeza en Cristo

Como a Timoteo, a Tito se le insta a "exhortar con *sana enseñanza"* (1:9, ver 2:1) y *"sanos* en la fe" (2:2) y se le dijo: "Esto habla, y exhorta y reprende con toda autoridad" (2:15) o, en otras palabras ser "retenedor de la palabra fiel" (1:9); él debe mantenerse *firme* en la fe.

Filemón: Buenas Obras en Cristo

La conversión de este esclavo fugitivo proporciona una excelente ilustración de "todo el bien que está en vosotros *por Cristo Jesús*" (v. 6). De nuevo, Pablo dice, "que tu *favor* no fuera forzado, sino voluntario." (v. 14). Esta bondad o estos *beneficios* en Cristo incluyeron las dimensiones materiales y sociales del evangelio así como también las espirituales.

EPÍSTOLAS GENERALES: EXHORTACIÓN EN CRISTO

Las epístolas de Pablo, particularmente las primeras diez son predominantemente una exposición e interpretación de Cristo; las Epístolas Generales son principalmente una aplicación de Cristo o una exhortación acerca de Cristo, aunque también contienen exposiciones. Estas epístolas también difieren de las de Pablo en que las de él era usualmente dirigidas a una iglesia en particular o a un individuo, mientras que las Epístolas Generales tenían una audiencia más amplia (ver Santiago 1:1; 1 Pedro 1:1).

Hebreos: Exhortación a la Perfección

El escritor exhortó a los hebreos, diciendo: "Por tanto, dejando ya los rudimentos de la doctrina de Cristo, vamos adelante a la *perfección*" (6:1). Cristo fue "mejor que" todo lo que el Antiguo Testamento podría ofrecer (1:4; 7:19, 22; 8:6, etc.). Los sacrificios del Antiguo Testamento "que no pueden hacer *perfecto*, en cuanto a la conciencia" (9:9) pero Cristo, "por el más amplio y más *perfecto* tabernáculo" (9:11) y "con una sola ofrenda hizo *perfectos* para siempre a los santificados" (10:14). Ya que Cristo sustituye el Antiguo Testamento, hay advertencias muy fuertes para los que no siguen adelante hasta la perfección en Cristo (ver 2:1-4; 10:26; 12:15).

Santiago: Exhortación para Sabiduría en Cristo

"Si alguno de vosotros tiene falta de *sabiduría*, pídala a Dios" (1:5), Santiago insta: "¿Quién es *sabio* y entendido entre vosotros? Muestre por la buena conducta sus obras en sabia mansedumbre" (3:13). Así "las obras" siguen a la sabiduría, y esta "*sabiduría* que es de lo alto es primeramente pura, después pacífica, amable, benigna, llena de misericordia y de buenos frutos" (3:17).

1 Pedro: Exhortación a la Sumisión

Pedro dirige la carta a quienes recibieron la "santificación del Espíritu, para *obedecer* y ser rociados con la sangre de Jesucristo" (1:2). A lo largo del libro hay una exhortación para la sumisión (2:13, 18; 5:5) y la obediencia (1:14, 22) y especialmente para el sufrimiento paciente. "Pero si por hacer lo que es bueno sufrís, y lo soportáis, esto ciertamente es aprobado delante de Dios" (2:20).

2 Pedro: Exhortación a la Purificación en Cristo

El libro es escrito "a los que habéis alcanzado, por la *justicia* de nuestro Dios y Salvador Jesucristo, una fe" (1:1), quien ha concedido "Todas las cosas que pertenecen a la vida y a la *piedad* nos han sido dadas por su divino poder, mediante el conocimiento [de Cristo]" (1:3, ver 3:11). Toda esta piedad y *purificación* es por medio de una educación ("conocimiento" 1:2, 5, 6, 8, etc.) es decir, por un crecimiento "en la gracia y el conocimiento de nuestro Señor y Salvador Jesucristo" (3:18).

1 Juan: Exhortación a la Comunión con Cristo

Juan insta a los creyentes: "Pero si andamos en luz, como él [Cristo] está en luz, tenemos *comunión* unos con otros" (1:7). El compañerismo o *la comunión* están en la luz (capítulos 1-2) y en amor (capítulos 3-4), pero es *con Dios* y Cristo. "y nuestra *comunión* verdaderamente es con el Padre y con su Hijo Jesucristo" (1:3)

2 Juan: Exhortación para una Continuidad en Cristo

"Mucho me regocijé porque he hallado a algunos de tus hijos *andando* en la verdad" (4), "*Mirad por vosotros mismos*, para que no perdáis el fruto de vuestro trabajo" (8). Él habla de *perseverar* (9) en la verdad, en otras palabras, una *continuidad en Cristo*.

3 Juan: Exhortación Acerca de las Contribuciones para Cristo

"Amado, fielmente te conduces cuando *prestas algún servicio* a los hermanos... *encaminarlos* [es decir pagar sus costos de viaje]... pues ellos... sin *aceptar nada* de los gentiles. Nosotros, pues, debemos *acoger* a tales personas, para que cooperemos con la verdad" (5-8). Es decir, él los insta a dar una *contribución* a la causa de Cristo.

Judas: Exhortación a Contender por Cristo

Judas explicó: "me ha sido necesario escribiros para exhortaros a que *contendáis* ardientemente por la fe que ha sido una vez dada a los santos" (3). Así que su breve carta es una exhortación para poner a los creyentes en la esfera de *contender* por Cristo contra la impiedad (ver 15) del mismo modo que Miguel "*luchaba* con el diablo" (9).

Así bien, en las Epístolas Generales hay una *exhortación* para aplicarse a la vida del creyente esas cosas acerca de las cuales Pablo dio una *exposición* en sus epístolas. Las Epístolas Generales son una aplicación de la verdad de Cristo *a* los creyentes, mientras que las cartas de Pablo proveyeron una interpretación de Cristo *para* los creyentes.

APOCALIPSIS: CONSUMACIÓN EN CRISTO

La última sección de las Escrituras es un clímax apropiado para todo lo que le ha precedido. El Antiguo Testamento miraba hacia adelante en *anticipación* a Cristo en que había colocado el fundamento para Él (la Ley), hizo la preparación para Él (Historia), le anheló en aspiración (Poesía) y le buscó en la expectación (Profecía). El Nuevo Testamento ve a Cristo en *la realización*, pues Él ha venido en una manifestación personal (los Evangelios), ha sido el objeto de evangelización para el mundo (Hechos), el tema de la interpretación y aplicación (las Epístolas) para el creyente y es Aquel en quien todas las cosas llegarán a una consumación final (Apocalipsis).

En los Evangelios, Cristo es visto como el *Profeta* a Su pueblo; En Hechos y las Epístolas Él es el *Sacerdote* para Su pueblo y en el Apocalipsis, Cristo es el *Rey* sobre Su pueblo. Primero vino la encarnación de Cristo (los Evangelios), seguido por Su exaltación (Hechos y las Epístolas) y luego Su glorificación eterna (Apocalipsis). Todas las cosas fueron creadas por Cristo (Colosenses 1:16), en Él todas las cosas subsisten (1:17) y todas las cosas llegarán a su consumación en Él (1:20). La consumación para todos los creyentes en Cristo será la salvación (Efesios 1:10). La consumación para todos los incrédulos será subyugación a Cristo (Filipenses 2:10).

Quizás haya un error imperdonable en la interpretación del libro de Apocalipsis y es el de no verlo Cristo-céntricamente. Es sobre todo "la Revelación de Jesucristo" (1:1). Primero, es una revelación de la *persona* de Cristo. Después, es una revelación de *la posesión* de Cristo, la iglesia que Él ha comprado con Su propia sangre (1:5). Finalmente, es una revelación del *programa* de Cristo (capítulos 4-22) de conquistar a este mundo. Este mira a la consumación final de la historia humana cuando "Los reinos del mundo han venido a ser de nuestro Señor y de su Cristo" (11:15) y cuándo "El tabernáculo de Dios está ahora con los hombres" (21:3).

Este capítulo comenzó con la tesis de que Cristo es el tema subyacente de cada libro en la Biblia. Ahora que se ha intentado relacionar cada libro con Cristo, hay que señalar nuevamente que a pesar del hecho evidente de que hay muchos otros temas con los cuales se entremezcla, y algunas veces ellos dominan; el tema Cristo-céntrico de un libro dado, no obstante el tema global de la Biblia no deriva su unidad de esos otros hilos de la verdad. Más bien, es sólo porque estos hilos de verdad han sido tejidos en la estructura global de la verdad de las escrituras acerca de Cristo que revelan su significado final. El significado central de las Escrituras es Cristo, y por consiguiente es sólo el hecho de que la verdad de un dado libro está relacionada con Cristo, lo que da la importancia de ese libro con relación al canon de las Escrituras como un todo unificado.

CAPÍTULO 6 | LA PALABRA DE DIOS: PERSONAL Y PROPOSICIONAL

TANTO CRISTO COMO LAS ESCRITURAS son llamados "la Palabra de Dios." Las Escrituras son llamadas "la Palabra de Dios" como en contra de las "tradiciones" de los judíos (Marcos 7:13). Y en Juan 10:35 "la Palabra de Dios" es utilizada como el equivalente a "las Escrituras" del Antiguo Testamento. El libro de Hebreos dice "la Palabra de Dios es viva, eficaz" (4:12). Pablo se refiere a la "Palabra de Dios" infalible (Romanos 9:6). Hechos se refiere a Pablo pasando su tiempo "enseñando la Palabra de Dios" (ver 18:11). Hay también algunos pasajes en los cuales la Biblia es llamada la "palabra" (ver Juan 17:14, 17; Mateo. 13:20) o la "palabra de verdad" (2 Timoteo 2:15). Las referencias en Apocalipsis 1:2, 9; 6:9; 20:4 a la "Palabra de Dios" también puede ser referencias a la palabra escrita de Dios, pero esto no está claro.

En otros versículos, Cristo es referido como "la Palabra de Dios" (Apocalipsis 19:13) o "El Verbo." Juan escribió en su evangelio: "En el principio era el Verbo, el Verbo estaba con Dios y el Verbo era Dios... Y el Verbo se hizo carne" (Juan 1:1, 14). En la primera epístola de Juan, él dijo: "Lo que era desde el principio, lo que hemos oído, lo que hemos visto con nuestros ojos, lo que hemos contemplado y palparon nuestras manos tocante al *Verbo de vida*—pues la vida fue manifestada y la hemos visto, y testificamos" (1:1-2). Juan aquí está rindiendo testimonio para Cristo, la Palabra viva de Dios, así como los versículos anteriores hablaron de la Palabra de Dios escrita.

La Palabra de Dios

Escrita	Características Comunes	Viviente
2 Timoteo 3:16	Origen Divino	Juan 1:1
Hebreos 1:1	Naturaleza Humana	Hebreos 2:14
Romanos 3:2	Mediación Judía	Hebreos 7:14
Salmos 119:138	Fiel	Apocalipsis 19:11
Juan 17:17	Verdad	Juan 14:6
Juan 10:35	Sin error (Pecado)	Hebreos 4:15
Mateo 5:18	Imperecedero	Hebreos 1:8
1 Pedro 1:24-25	Inalterable	Hebreos 13:8
Romanos 1:16*	Poder de Dios	1 Corintios 1:24
2 Pedro 1:4	Precioso	1 Pedro 2:7
Hebreos 4:12	Espada Afilada	Apocalipsis 19:15
Salmos 119:105	Luz	Juan 8:12
Lucas 4:4 (de Deuteronomio 8:3)	Pan	Juan 6:51
Salmos 119:129	Maravilloso	Isaías 9:6
1 Corintios 15:2	Salva	Hebreos 7:25
1 Timoteo 4:5	Santifica	1 Corintios 1:2
1 Pedro 1:22	Purifica	Tito 2:14
Salmos 119:9	Limpia	1 Juan 1:7
Salmos 107:20	Sana	Mateo 4:24
1 Pedro 2:2	Nutre	Juan 6:58
Juan 8:32	Libera	Gálatas 5:1
Salmos 119:50	Vivifica	Juan 5:21
1 Pedro 1:23	Engendra Hijos	1 Pedro 1:3
Mateo 5:18	Vive para Siempre	Apocalipsis 1:18

*Algunos de estos versículos se refieren a la palabra de Dios hablada la cual más tarde se convirtió en la Palabra escrita de Dios.

LA SIMILITUD ENTRE LA PALABRA VIVA Y ESCRITA

Hay algunos paralelos sorprendentes entre la Palabra viva de Dios y la Palabra escrita: entre el Salvador y las Escrituras. La comparación en la gráfica adjunta ilustra algunos de estos paralelos.

Se notará que tanto Cristo como las Escrituras tienen un origen dual. Cristo es a la vez Dios y Hombre en Su naturaleza, y la Biblia es a la vez divina y humana en su origen. Es decir, la Biblia en realidad es la Palabra de Dios, pero también es verdaderamente la palabra de los hombres. Además, así como Cristo es sin pecado, también se dice que las Escrituras son sin error. Ambos son verdaderos e inmutables y ambos fueron dados al mundo a través de la nación judía.

LA SUPERIORIDAD DE LA PALABRA VIVA SOBRE LA PALABRA ESCRITA

¿Por qué este paralelo cercano entre El Salvador y las Escrituras? ¿Por qué son los atributos y las actividades de ambos tan similares? Las respuestas a estas preguntas se basan en la naturaleza de que lo quiere decir "Palabra" de Dios, y por qué Dios tiene dos de ellas.

La Palabra o El Verbo (del griego *logos*) de Dios se usa al menos en tres formas en el Nuevo Testamento: (1) como una palabra verbal u oral de (o acerca de) Dios (ver Lucas 8:21; Hechos 4:31); (2) como la Palabra de Dios escrita (Juan 10:35; Hebreos 4:12, etc.); y (3) como la Palabra viva de Dios (Cristo). En cada caso el *significado* común está en el hecho de que es una expresión o declaración de Dios; pero difiere en el *modo* de expresión. Ya que las palabras orales y escritas difieren sólo como difiere el sonido del símbolo, y ya que la esencia de la Palabra de Dios oral fue reducida a la Palabra escrita; el contraste aquí básicamente es entre dos clases de declaraciones divinas: una declaración escrita y una viviente.

La Palabra de Dios — Una Declaración Divina en:

El Lenguaje Humano (2 Tim 3:16)	Vida Humana (1 Juan 1:1)
Símbolos	Un Hijo (Hebreos 1:2)
Proposiciones	Una Persona (Juan 14:7)
Un Libro	Un Cuerpo (Hebreos 10:5-7)

La Vida Humana Sobre el Lenguaje Humano

De esta comparación puede ser evidente que Dios se ha expresado a Sí mismo en dos formas básicas. Primero, Él se expresó en el lenguaje humano. Lo que está escrito (*grapha*) es la Palabra de Dios (2 Timoteo 3:16). Jesús dijo que lo que está escrito es autoritativo (Mateo 5:18 y siguiente), y habla de Él (Lucas 24:44). David dijo, "El espíritu de Jehová habla por mí, su palabra está en mi lengua" (2 Samuel 23:2). Pablo habla de "no con palabras enseñadas por la sabiduría humana, sino con las que enseña el Espíritu" (1 Corintios 2:13). Es decir, las Escrituras son una expresión de los pensamientos de Dios en el lenguaje del hombre.

En contraste hay otra revelación de Dios al hombre: es una revelación divina no en el lenguaje humano sino en vida humana. Ya que los hombres "participaron de carne y sangre, él [Cristo] también participó de lo mismo" (Hebreos 2:14). Como lo dijo Juan: "Y el Verbo se hizo carne y habitó entre nosotros" (Juan 1:14). Hay una cierta superioridad en este tipo de expresión divina. Tal vez Juan lo explicó mejor cuando él dijo: "lo que hemos oído, lo que hemos visto con nuestros ojos, lo que hemos contemplado y palparon nuestras manos tocante al Verbo de vida" (1 Juan 1:1). Es decir, la Palabra de Dios viva es una expresión más perfecta de Dios que una Palabra escrita, así como la presencia de un ser querido es mejor que una carta suya. Por supuesto, si la persona está ausente, entonces un registro de lo que él desea comunicar es lo mejor que podemos esperar. Así es que la revelación de Dios en las Escrituras es esencial pero la revelación de Dios en Cristo es superior.

El Hijo Superior a los Símbolos

Además, la revelación de Dios en las Escrituras es basada en símbolos, ya que el lenguaje es un sistema de símbolos. Pero los símbolos solo son signos o representaciones de una realidad, pero no son esa realidad. Por ejemplo, el símbolo *árbol*, compuesto por cuatro letras de ninguna manera debe ser confundido con el hermoso árbol de hojas verdes que crece en el patio de alguien. Asimismo, la expresión simbólica de Dios en la Biblia no debe ser confundida con Dios mismo, pues esto sería "bibliolatría" (la adoración de la Biblia como divina). La expresión de Dios en Su *Hijo* es diferente de Su expresión en símbolos, pues en Cristo, el Verbo divino, hay una identificación entre Dios y la expresión de Dios. Juan dijo: "el Verbo, [expresión de Dios] *era* Dios" (Juan 1:1). Hebreos declara que Dios "nos ha hablado por el *Hijo*" (1:2) quien "es el resplandor de su gloria y la imagen misma de su sustancia" (1:3).

La revelación de Dios en Su Hijo es muy superior a una revelación en símbolos, ya sean tipos, como los símbolos del Antiguo Testamento (vea capítulo 2) o los símbolos del lenguaje humano usado en la Biblia. La razón es bastante obvia: en un caso la expresión no debe ser identificada con Dios (pues eso sería idolatría) y en el otro caso lo es. En un caso hay solo una representación de Dios; en el otro hay una identificación con Dios. Pues Juan dijo que Cristo el Verbo no es sólo la expresión de Dios, sino en este caso único, el Verbo *es* Dios.

Lo Personal Superior a lo Proposicional

Para indicar la superioridad de Cristo sobre las Escrituras de otra manera, las Escrituras son una revelación proposicional, pero Cristo es una revelación *personal* de Dios. Por supuesto, puede haber proposiciones acerca de una persona, lo cual precisamente son las Escrituras. Pero esto apoya más el punto de que la persona de la cual las proposiciones son escritas es más importante que las proposiciones mismas. Es decir, el propósito de la Palabra escrita es comunicar a la Persona de la Palabra viva. Pero, si esto es así, entonces el mensaje de las Escrituras (es decir la persona de Cristo) es superior a la manera de comunicar ese mensaje (es decir las proposiciones acerca de Cristo).

El Cuerpo Superior al Libro

Hay otra y más obvia superioridad de la Palabra viva sobre la Palabra de Dios escrita mencionada en Hebreos 10:5-7: "entrando en el mundo dice:... mas me diste un cuerpo. Holocaustos y expiaciones por el pecado no te agradaron. Entonces dije: «He aquí, vengo, Dios, para hacer tu voluntad como en el rollo del libro está escrito de mí»". La Palabra escrita es una revelación en un libro; Cristo es la revelación de Dios en un cuerpo—un cuerpo que puede ser un sacrificio para el pecado. Ningún libro puede hacer expiación por el pecado, como lo hizo "la ofrenda del cuerpo de Jesucristo hecha una vez para siempre" (Hebreos 10:10, ver Romanos 3:25). No fue tinta sino sangre lo que fue necesario para la salvación del hombre (Hebreos 9:22). El libro puede dar una revelación de Dios, pero sólo el cuerpo y la sangre de Cristo pueden lograr una reconciliación a Dios (2 Corintios 5:18-21).

De estos contrastes debe ser evidente que la revelación de Dios en Cristo es superior a Su revelación en las Escrituras. Cristo no es sólo superior por la forma de redención sino porque es una clase superior de revelación. Porque como uno es comparado con el otro, Cristo es más importante que las Escrituras de la misma manera que la vida de un hombre es más importante que el lenguaje acerca de él (por ejemplo en una biografía). Esto no significa que la Palabra Escrita de Dios no tiene valor previo o intrínseco si no revelara a Cristo. La Palabra de Dios tiene valor no importando *qué* dice por razón de *quién* lo dice, es decir que Dios es al final de cuentas la fuente de todo valor.

Jesús dijo que las Escrituras hablaban "de Él" (Lucas 24:27), o que fue "escrito de mí" (v. 44), o "está escrito de mí" (Hebreos 10:7), o "dan testimonio de mí" (Juan 5:39). En cada caso el propósito y el consiguiente valor de la Palabra escrita es que transmite la Palabra viva de Dios; la importancia resultante de las proposiciones acerca de Cristo es que revelan a la persona de Cristo. Entonces en este sentido, Cristo es superior a las Escrituras porque Él es más importante que las declaraciones acerca de Sí Mismo. Entonces ya que las Escrituras son revelaciones de Cristo, uno no debe reverenciar las palabras mismas de la Biblia, pero más bien, se les debe respetar por causa de Cristo—porque hablan de Él.

La Necesidad de la Palabra Escrita

Si la Palabra escrita es inferior a la Palabra viva como una manera de revelar a Dios, entonces ¿por qué Cristo le delegó tanta autoridad (vea el capítulo 1)? ¿Por qué Jesús Mismo tantas veces tomó una postura en la autoridad de la Palabra escrita (ver Mateo 4:4 y siguiente; 5:17-18; Marcos 7:6-8)? ¿Por qué se refieren a las Escrituras como divinamente inspiradas (2 Timoteo 3:16), inquebrantables (Juan 10:35), e imperecedera (Mateo 5:18)? ¿Por qué hay un paralelo tan cercano entre los atributos y las actividades de la Palabra escrita y de la viva?

La Palabra Viva es Más Importante Que la Palabra Escrita

La Biblia no es un "Papa de papel". No es en sí divina; no debe ser adorada. La Biblia no es Dios; consiste de palabras humanas *a través de* las cuales Dios habla. Es la *Palabra* de Dios, pero se expresa en las *palabras* de hombres. Cristo por otra parte es Dios (Juan 1:1; Hebreos 1:8) y debe ser adorado (Hebreos 1:6; Juan 5:23). Y así es que el paralelo entre la

Biblia y Cristo no es perfecto. Es un error ver la *inspiración* de la Palabra escrita y la *encarnación* de la Palabra viva como paralelos perfectos. No es correcto considerar el sentido en que Dios se declara a Sí mismo en las proposiciones de las Escrituras igual al sentido en el cual Dios mora en la persona de Su Hijo. Las palabras finitas y limitadas de la Biblia sólo proporcionan una *definición* de la esencia de Dios, mientras que Cristo siendo Dios, da una *demostración* de ello.

Una analogía puede ser extraída de la revelación de Dios en la naturaleza. Dios es revelado *a través de* la creación (Romanos 1:20; Salmo 19:1 y siguiente), pero Dios no debe ser identificado *con* la creación en ninguna de sus formas—esto es idolatría (Romanos 1:21-23). Asimismo, Dios se revela *a través* de la Biblia, pero Él no debe ser identificado *con* la Biblia— esto es bibliolatría. Jesús reprendió a los judíos por identificar las palabras de la Biblia con la fuente de vida eterna. Pensaron que podrían encontrar vida espiritual *dentro de* las palabras del Antiguo Testamento. Jesús dijo, "Escudriñad (ciertamente) las Escrituras, porque... en ellas [no *a través* de ellas, como sólo una forma de llegar a la palabra viva de Dios] os parece que en ellas tenéis la vida eterna, y ellas son las que dan testimonio de mí, y [aún así—¡tan inconsistentes, tan contradictorios!] no queréis venir a mí para que tengáis vida [eterna]" (Juan 5:39-40).[8] Ellos conocieron el esqueleto de las Escrituras pero ignoraron el alma. Buscaron supersticiosamente entre los símbolos de las Escrituras como si fueron sagrados y no vieron al Salvador de quien estos símbolos hablaron. Jesús dijo: "si creyerais a Moisés, me creeríais a mí, porque de mí escribió él" y "no queréis venir a mí para que tengáis vida" (Juan 5:46, 40). La vida eterna se encuentra *en* Cristo y sólo *a través de* la Biblia. La encarnación es la

---

[8] John Lange, *Commentary on the Holy Scriptures: John.* Grand Rapids: Zondervan, IX, 195.

manifestación de esa vida (Juan 1:4) y la inspiración es la manera por la cual tenemos un registro autoritario de ella (2 Pedro 1:20-21).

LA PALABRA ESCRITA ES IMPORTANTE PARA LA PALABRA VIVA

Esto no quiere decir que la autoridad de la Biblia no tiene importancia o que las Escrituras no tienen valor por si mismas sino solo un valor instrumental (en cuanto a que presentan a Cristo). Es solo para decir que cuando la Biblia y Cristo son comparados como dos modos de la revelación de Dios, la realidad de Cristo es más importante que la autoridad de la Biblia.

La Inspiración Es Importante Para la Expresión de Dios

De hecho, las Escrituras son valiosas no porque son una revelación acerca de Alguien (es decir Cristo), sino porque también son una revelación acerca de y de parte de Alguien (es decir Dios). Cualquier cosa que Dios exprese es de valor, porque Él es la fuente y la sustancia de valor en Sí Mismo (ver Santiago 1:17; 1 Juan 4:7-8). Y como las Escrituras son la Palabra o expresión de Dios, son valiosas como tales, sin importar su contenido o tema. Es decir, *lo que* la Biblia dice es importante por *quien* lo dijo.

Y no sólo es la Biblia importante por quien lo dijo, pero es inerrante (sin error) por la misma razón. Pues Dios no puede pronunciar una mentira (Hebreos 6:18) ni puede cometer un error (Salmos 18:30). Y ya que las Escrituras son una expresión de Dios (2 Timoteo 3:16; 2 Pedro 1:20-21), entonces se deduce que son ciertas y sin error en todo lo que enseñan. Como dijo Jesús: "la Escritura no puede ser quebrantada" (Juan 10:35) y "antes que pasen el cielo y la tierra, ni una jota ni una tilde pasará de la Ley, hasta que todo se haya cumplido" (Mateo 5:18).

LA INSPIRACIÓN ES IMPORTANTE PARA LA PROPAGACIÓN DE CRISTO

Además, las Escrituras tienen valor no sólo porque son una expresión de Dios o aún porque son una expresión acerca de Cristo, sino porque son una manera adecuada para la propagación y la preservación de esta verdad.

Por supuesto que Dios pudo haber escogido alguna otra forma para conservar y propagar Su verdad que en un libro. De hecho, en el tiempo pasado Dios habló "muchas veces y de muchas maneras... a los padres por los profetas" (Hebreos 1:1). Dios algunas veces habló a través de (1) ángeles (Génesis 19); (2) sueños (Génesis 37); (3) visiones (Daniel 7:1); (4) milagros (Jueces 6:37); (5) una voz. (1 Samuel 3:4 y siguiente), (6) la naturaleza (Salmos 19:1), etc. Dios pudo haber continuado revelándose a Sí Mismo en estas formas, pero Él no se limitó a Si Mismo. En lugar de eso Él eligió tener Su revelación grabada en las palabras de las Escrituras, quizá por la misma razón que los hombres registran sus palabras en libros hoy, es decir, es una forma más precisa de conservarlos y propagarlos.

Otra alternativa para la preservación escrita de la verdad es una tradición oral o la continuación de ella. Sin embargo, la tradición oral tiende a ser fácilmente pervertida, como lo sabe cualquiera que alguna vez haya rastreado una historia a través de las "ramas" de la comunicación oral. Una vez fue pervertida una tradición oral de los labios de Cristo dentro del círculo de Sus apóstoles que le oyeron decir que Juan *podría no morir* antes de que Cristo regresara. Esto lo malinterpretaron al decir que Juan *no moriría* (Juan 21:23 24). Así que una declaración oral fue pervertida de los labios de Cristo a oídos de Sus apóstoles (quienes pudieron errar en sus creencias personales pero no en sus enseñanzas oficiales) (Juan 14:26; 16:13). Si hubo error en la declaración oral de los apóstoles, cuánta más distorsión ocurriría a través del curso de los siglos. Es más fácil lograr la preservación y la propagación de la verdad de manera escrita que de forma oral. Los hombres saben esto así que es apropiado que Dios usara también este medio para conservar y propagar Su Palabra.

LA INSPIRACIÓN ES IMPORTANTE PARA LA INTERPRETACIÓN DE CRISTO

Sin embargo, no sólo está en juego la propagación sino también la interpretación de Cristo en cuanto a Su relación a las Escrituras. Ha sido argumentado a lo largo de este libro que Cristo es la clave para la interpretación de las Escrituras (ver capítulo 2). Si es cierto que la Biblia habla de Cristo, entonces lo que dice acerca de Cristo tiene mucha importancia y es sumamente importante si lo que dice es verdad o no. Es este hecho el que hace la autoridad y la autenticidad de la Biblia un tema de suma importancia. Pues si la Biblia no da una interpretación autoritativa y auténtica de Cristo, como dice hacerlo, entonces es errónea y falible; ¿y cómo puede estar uno seguro acerca de Cristo si todo lo que tiene es una palabra incierta acerca de Cristo? (ver 1 Corintios 14:8).

El entendimiento de la Palabra viva, de la que se depende para vida eterna (ver Juan 8:24), está limitado al canal a través del cual esa verdad es entregada, a saber, la Palabra escrita. Es verdad que la Biblia es sólo un medio a través del cual Dios habla, aún así, el conocimiento acerca de Cristo es canalizado a través de ese medio. Si el canal es imperfecto y erróneo, también será imperfecto y erróneo el conocimiento acerca de Cristo. Aún si la verdad proposicional es vista simplemente como el instrumento que trasmite la revelación personal, sin embargo el conocimiento de la Persona que es presentada no será mejor que las proposiciones que la presentan. Para usar otro ejemplo, un disco imperfecto o rayado de la sinfonía más perfectamente realizada emitirá un sonido muy imperfecto. Así que la suficiencia del conocimiento acerca de la persona de Cristo se limita a la suficiencia del registro que presenta a esa

Persona. Pues la suficiencia del conocimiento acerca de Cristo no es mejor que la veracidad del registro que lo presenta.

Por supuesto, uno puede argüir que la Biblia no contiene error cuando habla de las cosas "espirituales" que se relacionan con Cristo, pero que no es inerrante en los asuntos históricos, objetivos o no doctrinales. Sin embargo, hay dos problemas básicos con este punto de vista: (1) En muchos casos es imposible separar lo histórico de lo espiritual. ¿Qué puede significar el nacimiento virginal si María cometió adulterio? Si no es un hecho biológico e histórico, entonces también es una ficción teológica. ¿Qué puede significar la crucifixión si no hubo una cruz manchada de sangre? No tiene sentido hablar de la resurrección de Cristo a menos que Su cuerpo haya abandonado la tumba de José de manera sobrenatural y permanente (ver 1 Corintios 15:17). (2) Además, la confianza en las doctrinas que no están relacionadas con los datos históricos (por ejemplo el cielo, la inmortalidad), está necesariamente condicionada por los que sí lo son. ¿Porque cómo puede confiar uno en las Escrituras en materias que no son objetivas o históricamente verificables si está comprobado que está equivocada en asuntos que han sido objetivamente tratados? Tomando prestadas las palabras de Jesús, "Si os he dicho cosas terrenales y no creéis, ¿cómo creeréis si os digo las celestiales?" (Juan 3:12).

Uno no está equivocado en considerar que la Palabra escrita es un registro sin error acerca de Cristo, pues Jesús dijo, "la Escritura no puede ser quebrantada" (Juan 10:35). Y otra vez, "porque de cierto os digo que antes que pasen el cielo y la tierra, ni una jota ni una tilde pasará de la Ley, hasta que todo se haya cumplido" (Mateo 5:18). Ahora es suficiente decir que si Jesús verificó la naturaleza perfecta del Antiguo Testamento que le reveló sólo a manera de la anticipación, entonces el Nuevo Testamento es un registro igualmente inerrante de la aún más importante manifestación e interpretación de Cristo.

Tanto Cristo como las Escrituras son revelaciones. Como expresiones de Dios, ambas tienen un valor esencial. Puesto que, sin embargo, el propósito principal de las Escrituras es el de señalar a Cristo, este último es más importante que lo primero. Pero en la medida en que la imagen que uno tenga de Cristo no es mejor que el retrato pintado en las Escrituras, cada pincelada de verdad divina es muy importante para la impresión general que uno tiene acerca de Cristo. A consecuencia de esto, el cristiano puede estar satisfecho de saber que dondequiera que entre en la Biblia él encuentra a su Señor.

Encuentro a mi Señor en la Biblia
Dondequiera que pueda mirar,
Él es el tema de la Biblia
El centro y el corazón del Libro;
Él es la Rosa de Sarón,
Él es el Bello Lirio
Donde sea que abro mi Biblia
El Señor del Libro está allí.
Él, en el principio del Libro,
le dio su forma a la tierra,
Él es el Arca de refugio
Soportando lo peor de la tormenta,
La Zarza Ardiente del desierto,
El brote de la vara de Aarón
Donde sea que mire en la Biblia
Veo al Hijo de Dios.
El Carnero sobre el monte Moria,
La Escalera de la tierra al cielo,
El Cordón Rojo en la ventana,
Y la Serpiente levantada en alto,
La roca golpeada en el desierto,

El Pastor con la vara y el cayado,
El rostro de mi Señor yo descubro
Dondequiera que abro el Libro.
Él es la Semilla de la Mujer,
El Salvador nacido de una Virgen;
Él es el Hijo de David,
A quién los hombres rechazaron con desprecio,
Sus vestiduras de gracia y belleza
La majestuosa cubierta de Aarón
Aún así, Él es un sacerdote para siempre,
Pues Él es Melquisedec
Señor de gloria eterna
A quién, el Apóstol Juan vio;
Luz de la ciudad de oro,
Cordero sin mancha ni defecto
Novio llegando a medianoche,
El cual buscan las Vírgenes.
Donde sea que abro mi Biblia
Encuentro a mi Señor en el Libro.

Autor Desconocido

ÍNDICE TEMÁTICO

Antiguo Testamento
Apócrifo,
Apóstoles,
Arqueológicos, hallazgos,
Ascensión,
Autoridad,

Canon,
Cristo,
Cristo-céntrico,
Cristo-céntricamente,
Cristofanías,
Cumplido,
Cumplimiento,

El Verbo,
Encarnación,
Escrituras Mesiánicas,
Escrituras,
Espíritu Santo,
Estructura séxtuple,
Evangelio,
Evangelios,
Evangelización,

Hermenéutica,
Hijo de David,
Históricamente confiable,
Historia,

Inspiración,
Inspirada,
Integridad,
Intercesor,

Josefo,
Judío,
Judíos,

La Ley,
Levítico,
Ley de Moisés,
Ley moral,
Ley y los Profetas,
Libros Proféticos,

Logos,
Los Escritos,

Mesías,
Mesiánico,
Moisés,
Monte de los Olivos,

Nuevo Testamento,

Palabra de Dios,
Poesía,
Post-resurrección,
Preceptos morales,
Predicciones Mesiánicas,
Profetas,

Resurrección,
Revelación,

Sacerdocio,
Sacrificial,
Sermón del Monte,
Sobrenatural,
Sumo sacerdote,

Templo,
Tierra Prometida,
Tradición oral,
Transfiguración,

Última Cena,

Verdad histórica,

YO SOY,

BIBLIOGRAFÍA

Hodgkin, A.M. *Christ in All the Scripture.* London: Pickering & Inglis, 1922. Este es un estudio orientado como devocional de los tipos y figuras de Cristo en cada libro de la Biblia. 249 páginas incluyendo un índice tópico. No está disponible en español.

Lightner, Robert. *The Savior and the Scriptures.* Philadelphia: Presbyterian & Reformed, 1966. Originalmente su tesis doctoral sobre el uso de Jesús del Antiguo Testamento, defendiendo el origen y la inspiración divina de las Escrituras en contra de la negación contemporánea. 170 páginas, notas de pie de página e índices. No está disponible en español.

Lowe, Marmion L. *Christ in All the Scriptures.* Bible School Park, Broome Co., N.Y.: pub. privately, 1954. Este es un estudio altamente tecnológico de los oficios, nombres y atributos de Cristo a lo largo de lo Biblia. 130 páginas, sin índice. No está disponible en español.

Morgan, C. Campbell. *The Unfolding Message of the Bible.* Westwood, N. J.: Revell, 1961. Despliegue informal de la armonía divina de la Biblia en la persona e historia de Cristo. 416 páginas, sin notas ni índice. No está disponible en español.

Saphir, A. *Christ and the Scriptures.* New York: Gospel Pub., n.d. Una presentación del testimonio de Cristo y de los apóstoles sobre la inspiración de la Biblia, con una comparación entre la Palabra viva y la Palabra escrita de Dios. 142 páginas. No está disponible en español.

Saphir, A. *The Divine Unity of the Scriptures.* Los Ángeles: Biola, 8th ed., n.d. Lecciones sobre la unión orgánica de la Biblia por un judío presbiteriano, enfatizando tanto la unión como la autoridad de las Escrituras contra el racionalismo de su día. El énfasis es apologético y más teológico que Cristocéntrico en relación. 304 páginas, sin notas, referencias ni índice. No está disponible en español.

Sroggie, W. G. Christ the Key to Scripture. Chicago: Bible Inst. Colportage Assn., 1924. Un enfoque estructural breve pero bueno que traza a Cristo a través de toda la Biblia. 47 páginas, sin notas ni índice. No está disponible en español.

Wenham, J. W. *Our Lord's View of the Old Testament.* London: Tyndale, 1953. Este es un muy buen y corto sumario acerca del punto de vista de Jesús sobre la autoridad y la autenticidad del Antiguo Testamento, con pasajes de la Escritura y una breve discusión de algunos problemas. Sin bibliografía ni índice.

MÁS INFORMACIÓN

Sitio web:
http://NormGeisler.com

Entrenamiento:
http://NGIM.org (Norm Geisler Ministerios Internacionales)

Libros electrónicos:
http://BastionBooks.com

Email:
Dr.NormanGeisler@outlook.com

Facebook:
https://facebook.com/normgeisler

Twitter:
https://twitter.com/normgeisler

Videos:
http://www.youtube.com/user/DrNormanLGeisler/videos

Inerrancia Bíblica:
http://DefendingInerrancy.com

Cursos de pre y postgrado:
Veritas Evangelical Seminary | http://VES.edu
Southern Evangelical Seminary | http://SES.edu

Creyendo en la declaración cristiana fundamental de que el propósito de la Biblia es presentar al Salvador, Geisler se enfoca en Cristo como la unidad y el mensaje desarrollado en toda la Escritura. Cristo es la unión entre los Testamentos, el contenido del canon y el tema unificador dentro de cada libro de la Biblia.

Este libro es básico tanto para el estudio de la Biblia como para el predicador y sirve como una guía excelente para estudiar el tema central de la Biblia. Incluye mucho más que un estudio de los tipos y de las profecías del Antiguo Testamento. Cada capítulo toma seriamente la afirmación de Jesús: "era necesario que se cumpliera todo lo que está escrito de mí en la Ley de Moisés, en los Profetas y en los Salmos." (Lucas 24:44).

Relacionada con la idea central de Geisler — que Cristo es la clave de toda la Biblia — se encuentra la afirmación concerniente a la inspiración de la Escritura y a la deidad de Cristo. Los temas tratados en cada capítulo incluyen: (1) *Cristo es la Clave para la Biblia;* (2) *Cristo en el Antiguo Testamento;* (3) *Cristo en Ambos Testamentos;* (4) *Cristo en cada Sección de la Biblia;* (5) *La Palabra de Dios: Personal y Proposicional.* También se ha incluido bibliografía, índice temático.

Norman Geisler es autor y co-autor de cerca de cincuenta libros y cientos de artículos. Él ha enseñando a estudiantes de nivel universitario y pre-universitario por cerca de cuarenta años, y ha disertado o debatido en todos los cincuenta estados de Estados Unidos y en veinticinco países. Posee un título de Doctor en Filosofía de la Loyola University y ahora sirve como Presidente del Southern Evangelical Seminary, en Charlotte, North Carolina.

Norman Geisler ha concedido la autorización a TUMI de World Impact para traducir e imprimir este recurso. 11/2014.

TUMI - equipando líderes, empoderando movimientos

The Urban Ministry Institute es un ministerio de World Impact, Inc.

Made in the USA
Las Vegas, NV
09 August 2023